Martin Walser

Meßmer

Gedanken
Reisen
Momente

Rowohlt

Sonderausgabe April 2017
Copyright © 2017 by Rowohlt Verlag GmbH,
Reinbek bei Hamburg
«Meßmers Gedanken» Copyright © 1985 by Suhrkamp Verlag, Frankfurt am
Main. Lizenz mit freundlicher Genehmigung des
Suhrkamp Verlags, Berlin.
«Meßmers Reisen» Copyright © 2003 by Suhrkamp Verlag,
Frankfurt am Main. Lizenz mit freundlicher Genehmigung des
Suhrkamp Verlags, Berlin.
«Meßmers Momente» Copyright © 2013 by Rowohlt Verlag GmbH, Reinbek
bei Hamburg
Einbandgestaltung Frank Ortmann
Einbandabbildung johnwoodcock/Getty Images
Satz Stempel Garamond Pro OTF (InDesign) bei
Pinkuin Satz und Datentechnik, Berlin
Druck und Bindung CPI books GmbH, Leck, Germany
ISBN 978 3 498 07391 6

Meßmers Gedanken

I

Von allen Stimmen, die aus mir sprechen, ist meine die schwächste.

Mein Gesicht ist eine Tür, durch die man herein kann, aber nicht hinaus.

Mich verändert alles. Ich verändere nichts.

Durch mein Gesicht ziehen die Jahre wie Eroberer.

Es muss gepriesen werden die Wand, die dich trennt.

Ich schaue hinaus durch einen täglich kleiner werdenden Schlitz. Was für eine Gemeinheit, mich gestern anzurufen und heute nicht.

Immer wird mir, von der Kürze fasziniert, die Zeit lang.

Er vertreibt die Leute so rasch wie möglich, dann sitzt er wieder. Also ihm geht es ausgezeichnet. Er weiß es, aber er spürt es nicht.

Wenn mir einer seinen Besuch ansagt, erschreckt er mich. Ich will seinen Besuch nicht. Das kann ich nicht sagen. Mein Leiden nimmt zu, bis zu seinem Eintritt. Wenn er hereinkommt, bin ich völlig wund. Um ihn nicht spüren zu lassen, wie wenig ich seinen Besuch ertrage, hindere ich ihn immer wieder am Gehen. Erst nachts um drei, wenn wir beide erschöpft sind, darf er hinaus. Ich fall' in mein Bett und weine vor Freude.

Wenn der nebenan einmal ein Geräusch richtig deutet, weiß er bei jedem folgenden Geräusch eindeutig, was ich tue.

Meßmers Gedanken sind die Gedanken einer dicken Frau. Das weiß er so sicher, dass ihm an Beweisen nicht liegt.

Meßmers Ziel: die 4. Stufe der Autobiographie. Der Schwächling, der zu allen Finten Zuflucht nimmt. Das Ideal: Entblößung und Verbergung gleich extrem. Also eine Entblößungsverbergungssprache. Das kalifornische Klima lädt dazu ein. Meint Meßmer.

Dass er so fest mit einem Erdbeben rechnet, solange er hier ist, kann sowohl eine Form genießerischer Selbstüberschätzung sein als auch ein Ausfluss langer Erfahrung: Ihm passiert immer das Schlimmste. Ihm tun jedes Mal die Leute leid, die mit ihm ein Flugzeug betreten. Nur weil sie mit ihm fliegen, werden sie jetzt gleich sterben müssen. Beim Verlassen des Flugzeugs schaut er die Leute genau an. Er möchte wissen, wem er es zu verdanken hat, dass er heil bis nach Amerika gekommen ist.

Der tägliche Gang zum Institut für Erdbebenforschung. Bis jetzt ist alles ruhig. Die Tiefe tut so, als habe sie meine Anwesenheit an der empfindlichsten Stelle der Welt noch nicht bemerkt. Ich komme mir aber bemerkt vor. Ich warte Tag und Nacht auf eine Antwort aus der Andreas-Falte. Es gibt nichts Schöneres als das: in der Tiefe bemerkt zu werden; zu spüren, dass du anziehend bist für die Katastrophe.

Sich geliebt zu wissen ist etwas, auch wenn es die Katastrophe ist, die sich in einen verknallt hat. Keiner sieht von außen das Netz von Rissen, das Meßmers Leben durchzieht wie ein Nervensystem. Es sind aber Risse. Man wundert sich, dass alles noch zusammenhängend aussieht und immer noch zusammenhält. Aber es hält ja längst nicht mehr zusammen. Er hält es zusammen. Wie hätte er sich nicht heroisch vorkommen sollen. Wenn er das Haus am Grizzly Peak Boulevard in der Unwetternacht nicht verlassen hätte, hätten die aufbrechenden Wasser von unten und der Tornado von oben dieses Haus, in dem er Gast war, zerstört. Er war geflohen, um C. zu retten. C.s Mann, der in der Unwetternacht in Long Beach gewesen ist, beschimpft ihn, weil er C. in einer solchen Katastrophennacht allein gelassen hat. Meßmer sagt, er sei gegangen, um C. und das Haus zu retten. C., die alles miterlebt hat, glaubt ihm das. Ihr Mann nicht.

Obwohl er jede nähme, sieht er nicht alle andauernd vor sich, sondern nur eine, C. Frontal. Sie, die Inbrunst. Er, der Ausbund.

Er, ein Streichholzkopf. Bei der geringsten Reibung verbrennt er.

Am Morgen nach der Erdbebennacht waren die Maulwurfshaufen so groß wie noch nie.

Daheim schrieb er in sein Notizbuch: Bitte, geh nicht mehr fort. Und wenn du noch einmal fortgehst, lass mich, bitte, daheim, ich will nicht mehr mit.

Er muss in jedem Augenblick damit rechnen, entdeckt zu werden. Meint Meßmer.

Wir fahren am lieben Schwarzwald entlang. Die Waldtäler sehen aus wie Einladungen zum Verschwinden.

Ich möchte mich verbergen. Wenn ein Wunsch sich so oft meldet, sollte man ihn ernster nehmen, als ich es tue. Ich entscheide mich von Mal zu Mal rücksichtslos gegen diesen Wunsch. Ich nehme Einladungen an, mich zu entblößen.

Die Zeit vergeht am langsamsten, wenn man unterwegs ist, und am schnellsten zu Hause. Also sollte man immer unterwegs sein.

Was alles muss man, weil man nicht stark ist, auf sich nehmen!

Immer öfter sagt er etwas anderes, als er sagen will. Allmählich muss er zugeben, dass er nicht der ist, der er gern wäre. Oder soll er weiterhin einen Text von sich verlangen, den er, bevor er ihn sagen kann, zuerst machen muss?

Was man zu hören bekommt, klingt, als sei es für einen anderen bestimmt. Der müsste man zuerst werden, dann könnte man sich fügen. Das wird erwartet.

Wenn er daran dachte, wie sehr er sich heute werde beherrschen müssen, wurde ihm sofort ein wenig schwindlig im Vorgefühl der Anstrengung, die dazu nötig sein würde.

Von allen Fallen sind die, die man sich selbst stellt, die schlimmsten.

Das Schlimmste verdankt seine Möglichkeit vielleicht dem Umstand, dass wir uns aus uns selbst bis zur Interesselosigkeit zurückziehen können in die Sprache, die einen Vorgang konstatiert, der uns vernichtet. Vergehen mit Wörtern.

Festungen. Osmose. Schluss der Permeabilität. Hinstarren auf den Fleck. Schwindendes Bedürfnis. Einfriedung. Nachlass. Ruckweises Zerrinnen. Liegenbleiben. Auflösung. Erlebnis der Auflösung. Gleichmut. Und sofort die Katastrophe.

Die Heizung hört jäh auf. Die Stille bricht aus. Noch ein Ticken von etwas, ein Prickeln in Metall, dann Schweigen, ich resigniere.

Er sähe sich gern als einen verstummten Musiker. In seinen Gedanken knackst es wie in der Heizung, wenn sie kalt wird.

Ich bin ein Säufer, der nicht trinkt.

Er zerfällt in einzelne Sätze; die tarnt er als Rufe.

Als es schön war, wusste ich es nicht.

Meine Füße im Gras, mit Millionen Zehen.

Da war ich also von Tönen voll, unsingbaren. Es riss mir den Mund auf, heraus kam nichts.

Ich ging durch die Allee. Neben mir lief Laub.

Immer sah ich die Sonne nur untergehen.

Ich bin öfter gestürzt als aufgestanden.

Ich hüte mich, fest aufzutreten. Ich fürchte die Härte des Bodens.

Ich sehe zu, wie Vögel gejagt werden von etwas, das nicht fliegen kann.

Alleinsein hat keinen Ton. Lautlos wartet, wer allein ist. Sobald er Gott annimmt, singt er. Sich durchschauend, wird er wieder stumm.

Während ihr arbeitet, lasse ich die Zeit in die Schalen rinnen, die ich vor langem aufgestellt habe.

Wenn der Winter hätte stehen bleiben können im Eis, wäre der Frühling ausgefallen und alles. Aber der Glanz heute, die Milde, im Licht, in der Luft, gleich wird es rauschen vor Wind, Wärme, Fruchtbarkeit, Routine, Tod.

Was alles, ohne dass ein Koordinierender erschließbar ist, auf einen Punkt wirkt.

Die Post nimmt man aus den Händen des Postboten wie einen prall gefüllten Luftballon. Man öffnet die Briefe, liest, die Luft entweicht, in den Händen bleibt Müll.

Welk häng ich in der Vase und denke der Feuchtigkeit nach. Früher, als die Glocken nass läuteten. Der Blitz schlug meistens in meinen großen Zehennagel ein und konnte ihm nicht schaden. Die Wellen des Mostes brausten bergauf. Jungfrauen wurden mitgerissen, flügelschlagend vermehrten sie den Sturm. Wie sollte, da das vorbei ist, nicht alles vorbei sein.

Andauernd drück ich mit zwei Fingern die Augen zu. So spiele ich mir einen vor, der sich heftig daran hindern muss, alles weiterhin zur Kenntnis zu nehmen.

Als meine Not nicht weiter reichte als der nächste Schritt, ich nichts Schlimmes wusste, der Winter stattfand in einer wunderbaren Nuss. Jetzt friere ich in jeder Wärme. Als meine Glieder in jeder Kälte brannten, ich im Fieber bergauf lief, im Januarwald wohnte,

um die Wette rannte mit dem Februarsturm, weich
auftrat im März und ihm Feuer gab.

Ich schleppe mich durch die Welt. Das kann ich sagen.
Ohne Gefährten bin ich, wie andere auch. Ich trage
Schicksal. Das ist Mode. Allgemeiner als ich kann
man nicht sein.

Lächerlicher Tag der Zukunft, wenn man die Käfige
öffnen wird, in denen all die alten Tiere gestorben
sind. Der Mist, der dann entfernt werden muss. Die
Habseligkeiten, die gehätschelten. Die persönlichen
Dinge alle, in diesem Mist. Der Übergang von persönlichen Dingen in Mist und umgekehrt. Selbst Fach-
leute werden sich da im Unterscheiden schwertun.

Keiner ist feig. Gläsernen Mutes spielen wir, was verlangt wird. Manche können sogar küssen mit einem
liebevollen Mund.

Ich denke an alles, aber es huscht nur durch, der Kopf
bleibt kalt wie ein Gebäude, das seit langem nicht
mehr bewohnt wird. Ich bin dem Flughafen Pitts-
burgh nicht gewachsen, das ist alles.

Je länger er durch die Stadt ging, desto unerträglicher wurde ihm das Geschrei der Waren. Dieses Geschrei wurde, je hilfloser es wurde, umso durchdringender. Es war, als schreie eine Masse Lebendiger kurz vor dem Untergang um Hilfe. Aber niemand konnte sich erbarmen. Die Leute verschlossen ihre Ohren mit den Händen und rannten davon.

Das Gefühl, verwüstet zu sein, wenn man auf einmal viel Geld ausgegeben hat. Man fühlt sich hässlich. Wie nach einer Orgie?

Das Geld produziert eine Dimension des Schreckens, in der nichts vorkommt als das Geld selbst.

Geld gehört einem nie; es sei denn, es ist außer Kurs. Meint Meßmer.

Wir werden es weder verbrauchen, noch wird etwas übrig bleiben.

Das Stück Grün. Sofort die beschämende Empfindung: Es gehört dir. Die schlimmste Wirkung des Kapitalismus: dass man glaubt, alles, was man bezahlen könne, gehöre einem.

Ich habe mehr Kleider, als ich brauche. Von mir werden Schuhe bleiben und Hemden wie neu. Ich habe mehr Raum, als ich brauche. Ich habe Angst, mir werde, was ich nicht brauche, genommen.

So lebendig bin ich. Und in Dublin. Und es ist, als genügte das nicht.

Mir tut die Commerzbank leid, bei der ich mein Konto gekündigt habe. So ist das.

Das Schönste ist doch die Lächerlichkeit. Eine Krone ist sie, die nicht wankt, so passt sie auf deinen Kopf.

Hilflos bleiben, die meine Hilfe bräuchten.

Wie viele Zolas bräuchten wir pro Woche?

Jetzt kann ich wieder sitzen und die Wirklichkeit herunterlaufen lassen an meiner Ölhaut.

Ich möchte, dass die Abenteuer in Prosa stattfänden, nicht in Handlungen.

Durch Schreiben kann man das Denken verlangsamen. Wenn ich mein Denken heute nicht durch Schreiben bremsen würde, könnte es mich irgendwohin reißen, wo ich nicht hinwill.

Nicht bleiben dürfen. Uneinverstanden mit dem, was passiert. Sich trotzdem nicht sträuben. Nicht besonders. Es soll aussehen, als fügtest du dich. Wer zufällig zuschaut, soll den Eindruck eines gelinden Verlaufs haben. Du spürst die Gewalt. Alles, was du erlebst, ist Gewalt, Macht, Übermacht. Es geht nicht nach dir. Du gibst nach. Jeder wird erledigt. Dazu soll er nicken. Es ist eine schöne Geste. Wahrscheinlich kommt das aus England. Vielleicht gibt es unzumutbare Arten des Erledigtwerdens. Aber immer seltener. Hierherum kaum noch. Hier muss man wirklich nicken dazu. Stumm, aber nickend – das ist nicht zu viel verlangt.

In einem nassen Sommer soll man sich fragen. Ich schnappe nach Luft. Sauerstoff ist nicht alles. Unglück ist eine Blase. Wie leicht war es. Jetzt ist es verwirkt. Wann hätte ich noch etwas machen können? Zerrieben zu werden, nutzlos. Wie die meisten. Aber ohne Verständigung. Das ist es. Sprünge? Nein.

Graue Gesichter mit künstlichen Farben. Nachgemachtes Gewächs. Wir sprechen mit historischen Zungen und unter Glas. Unsere Haare ächzen so leise, dass wir es fast nicht mehr hören.

Himmel, ein unentspannbares Wort. Es gibt noch Potenzen. Wert sind sie nichts. Wir hätten uns gern kindlich. Auch schreien wir, allein.

Das Leben ist auf jeden Fall feierlich. Durch Kopfweh wird es noch feierlicher. Das meiste aber zur Feierlichkeit trägt die Kürze bei dieses Lebens. Ein Bedürfnis also nach Glockenton, nach Schwingen, Brausen, weithin Hallendem. Nie zu stillen. Alte Angst und schön. Jetzt lebe ich dahin, ganz ohne Graus.

Klingt die Zeit im Gewölbe der Nacht? Möchte etwas befreit sein? Meine Ohren täuschen sich gern. Sie übersetzen den Wind ins Deutsche und geben der Stille das Schlusswort.

Auch in seinem Zimmer wird er von seinem übermächtigen Gegner verfolgt. Er sieht ihn nicht. Aber er hört ihn.

Als er den Ton zum ersten Mal hörte, rannte er an alle Fenster, schloss sie und stellte fest, dass der Ton nicht von außen kam. Erst als er in seinem Bett tief unter Decken lag, stellte er fest, dass die Lautquelle nicht irgendwo im Haus war, sondern in ihm selbst.

Ich liebe die Unempfindlichkeit eines Freundes in manchem, in dem ich und meinesgleichen eine nichtswürdige Empfindlichkeit pflegen und auch noch stolz sind auf diesen Unwert und jeden bespötteln, der diese Monstrosität nicht hat.

Ich will nicht so sein, wie ich bin. So sind schon genug andere. Die sprechen sich andauernd aus. An ihren Aussagen über sich, die wirken wie Aussagen über mich, sehe ich, dass ich, so wie ich bin, nicht sein will. Vielleicht helfen mir die anderen zu einem Abstoß. Sie entbinden mich. Von mir.

Ich bin glücklich, lüge ich. Ich lebe in einer fröhlichen Glut, lüge ich. Jeder meiner Schritte weckt eine schuberthaft rauschende Sinntiefe. Ich gehe vors Haus, schon beugen sich die willkommensten Gelegenheiten von überall zu mir her. Lüge ich. Am lustigsten macht mich täglich die Erfahrung, dass es ohne mich nicht geht, lüge ich. Ich hätte nie gedacht, dass ich so wichtig bin, lüge ich. Jeder braucht mich. Ja so was! Nun nehmt mich doch nicht alle gleichzeitig an den Händen! Ich kann doch nicht alles auf einmal erfüllen! Aber sie lassen nicht ab von mir. Offenbar werde ich, so gehalten, 111 Jahre alt werden und keinen Tag müde sein. Unermüdlich werde ich allen Erwartungen genügen. Eine einzige Entsprechung wird mein Leben sein. Wie ich jetzt das Weinglas halte – es muss gleich zerspringen vor meiner Sicherheit. Es zerspringt nicht.

Lass uns einander anlügen, bis wir nicht mehr wissen, was ist. Ohne Schaden lass uns sein für einen Augenblick.

Eines hellen Tages Zorn. Schmerzloser Grimm. Wut, für die sich kein Anlass findet.

Es würgt mich, als möchte etwas heraus, aber leerer kann nichts sein. Der Äußerungsdrang ist phantomhaft.

Ich wollte, alle Seiten wären voll und es hörte in meinem Kopf nicht mehr auf zu schneien, und weil alles verdorben wäre, verdürbe nichts mehr.

Der Verdacht, man habe eine Unglücksempfindung nur eigener Anmaßung zu verdanken. Oder haben sie einen schon so weit gebracht, dass man sich die Schuld für alles selber zuschiebt?

Blutend aus erdachten Wunden, Eis lutschend in der Parksonne, die Seele voll vom Comicstripmodell. Könnten wir nicht weiterfahren ins Bachmannland, wo keine Zimmer bestellt sind? Was blüht uns hier noch als dann und wann ein besiegtes Kind?

Die Selbstbeschuldigungsroutine und die Selbstrechtfertigungsroutine – es ist ein und dieselbe Routine. Zwischen Beschuldigung und Rechtfertigung kann ich keinen Unterschied sehen.

Das, was man auch sich selbst gegenüber verschweigen muss, ist die Wahrheit. Meint Meßmer.

Gegenüber Leuten, die ihm einigermaßen fremd oder vielleicht sogar unsympathisch waren, betonte er das Wenige, das er mit ihnen gemeinsam zu haben glaubte, so vehement, dass sie dann der Meinung waren, nie eine verwandtere Seele getroffen zu haben. So kam er eine Zeit lang zu Freunden.

Warum kann man nicht allen, die man hochachtet, das gleich gut sagen? Manchen gönnt man einfach nicht, dass man sie achtet.

Der Vorbehalt ist mein wirkliches Leben. Er sitzt mir im Kopf wie eine heiße Klemme.

Dass ich's nicht merken lassen darf, ist mein Stoff. Die Verstellung bis ins Allerletzte. Und das ohne Lüge, ohne Falschheit. Ich muss einfach anders sein, als ich bin, dann ist Verstellung überflüssig. Wenn die Wahrheit Ruin wäre, muss sie gemieden werden. Das tendiert zum Theater.

Man kann sich darauf verlassen, dass das, was ich sage, umso weniger meine Meinung ist, je heftiger ich es sage. Ich wundere mich selber darüber, wie ich mich anstrenge, etwas zu beweisen, was ich selber nicht glaube. Und weil ich, was ich beweisen will, selber nicht glaube, ist es so anstrengend, es zu beweisen. Geht es anderen anders?

Immer wenn ich nein sagen will, sage ich ja. Das ist vorwegtrainiert, eingeübt. *Nein* wird schon im Vorfeld der Sprache *Ja*. Es bedarf dazu keiner Mitwirkung meinerseits.

Ich sage, wenn es irgend geht, jedem immer gleich etwas, was der eigentlich gern hören müsste. Es gibt welche, bei denen ich nichts dergleichen weiß. Dann bin ich blamiert.

Wenn man alles zusammennimmt, hat der andere mir viel weniger gesagt als ich ihm. Immer das gleiche Defizit in der Außenbilanz. Weil ich nicht warten kann. Weil es mir zu schnell peinlich ist, wenn keiner etwas sagt. Weil ich alles zu ausführlich beantworte. Weil ich glaube, ich sei verantwortlich für das Gespräch. So erfahre ich nie etwas und sage immer mehr, als ich zu sagen habe.

Es wäre zu peinlich, wenn ich durch Verhalten dartäte, dass ich registriert habe, wie über mich befunden wurde.

Man muss sich durch Hingehen unterwerfen. Aber nur so, dass man glaubt, man heuchle, man spiele den, der die Beleidigung gar nicht bemerkte. Man spielt den, der vor lauter Breitbeinigkeit gar nicht zu beleidigen ist. Man unterwirft sich nicht wirklich, denkt man. Aber Hingehen heißt sich unterwerfen, egal, was man dabei denkt.

Er ist wirklich hinausgerannt, früher, barfuß, das Hemd weit offen. Er hat nicht aufgepasst. Er hat drauflosgeliebt. Frauen, Männer, Motorräder, egal. Es ist ihm nicht bekommen. Es war falsch. Er hockt auf dieser Klippe in der Großstadt. Er versucht, mit wenig Atem auszukommen. Es lohnt nicht, diese Luft zu atmen. Gegen seinen Willen ging er in das nächste Telephonhäuschen und rief seinen Freund N. an. Er sei zwischen zwei Zügen hier am Hauptbahnhof, wolle aber wenigstens angerufen haben. N. spricht oberflächlich, ganz unbeteiligt, lässt merken, wie sehr ihn der Anruf störe. Er will gerade essen gehen mit Leuten. Ja, ja, sagt Meßmer ganz schnell, es sei nur so eine Routineregung gewesen, kommst du nach X, rufst du N. an, also das sei es gewesen, mach's gut. Und hängte auf. Er spürte, wie es in ihm alles zusammenzog. Er war einverstanden mit dieser schmerzlichen Konzentration. Möglichst schnell möglichst klein werden. Winzig bis zur Unangreifbarkeit. Er setzte sich auf die Bahnsteigbank. Es dauerte fast eine Stunde, bis er den Krampf sich lösen lassen konnte; bis er fähig war, dem Schmerz nicht nur offen standzuhalten, sondern ihn zu begrüßen. Lass es ruhig weh tun. Lass einfach dem Schmerz sein Recht in dir. Sei bloß nicht gegen Schmerz. So eine Lebenskolik auf einer Bahnhofsbank ist fast das Schönste. Schmerz – das ist die vierte Kunst. Nach Musik, Malerei, Dichtung. Vielleicht sogar die erste. Ja, die erste. Gibt es etwas, das man mehr erleben könnte?! Tiefer?! Inniger?! Du musst

nicht reisen, rennen, reden, du darfst auf der Bahnhofsbank sitzen und den gestaltreichen, spannungs-
vollen, unendlich vielfältigen und scharf und hell strö-
menden Schmerz erleben. Glücklicher! Du wolltest
klagen und jetzt musst du preisen. Dich glücklich
preisen musst du.

Ich kann mich beherrschen. Ich kann zufrieden sein.
Ich kann versuchen zu reden wie ein Übermütiger.
Ich kann allein sein wie ein Stein.

Er hat einmal angefangen, den anderen zu beleidigen, nur um nicht den Eindruck zu erwecken, dass
er sich bei dem einschmeicheln wolle. Er wollte sich
nämlich bei dem einschmeicheln. Sobald Dr. N. auf-
tauchte, spürte Meßmer den Zwang, sich bei dem ein-
zuschmeicheln. Dafür genierte er sich so, dass er, ehe er
sich überhaupt entscheiden konnte, dem einen feind-
seligen Satz zurief. Es war bei einer Tagung. Dr. N.
kam ins Frühstückszimmer. Meßmer rief so, dass es
die anderen hören konnten. Er kam sich tapfer vor.
Bitte, hört es alle, ich beleidige Dr. N., ich schmeichle
mich nicht ein! Was er rief, war etwa das: Ach, jetzt
weiß ich, warum ich heute Nacht so schlecht geträumt
habe, SIE waren im Haus! Ich glaubte, Sie träfen erst
heute ein. Jetzt ist mir natürlich alles klar. Mit Ihnen
unter einem Dach, das kann ja nicht gutgehen! Dr. N.

sagte nichts, er lächelte nur. Meßmer wollte, dass sich Dr. N. zu ihm an den Tisch setze. Nur deshalb hatte er ihn angesprochen. Das aber durfte er nicht merken lassen. Also musste er ihn beleidigen. In größter Erregung schlang er das Frühstück hinunter. Er saß allein an seinem Tisch. Dr. N. saß bei den anderen. Sie brachen immer wieder in helles Gelächter aus.

Dass man, auch wenn man sich vornimmt, genau das zu vermeiden, bei den Sätzen landet, die den anderen am meisten verletzen! Es ist, als wolle man sich noch mehr verletzen als den anderen. Das tut man ja auch dadurch, dass man beim anderen den Eindruck hinterlässt, man habe nichts anderes vorgehabt, als ihn zu verletzen.

Wir können nicht weiterleben, wenn wir jetzt nicht sofort losschlagen auf den, der gerade auf einen anderen eingeschlagen hat und jetzt eine Pause macht, eine Atempause. Es gibt natürlich auch Zweikämpfe. Das ist eine Art des Schlagens, die als akzeptabel empfunden wird. Es gebe Regeln, heißt es. Einer könne sogar gewinnen, heißt es.

Wenn mir ein Gesicht ohne jedes Lächeln und ohne
jede Kälte gelänge. Wenn mir die vollkommene Unbe-
flissenheit gelänge. Mein Gesicht ist viel zu beweglich.
Es gleitet andauernd hin und her, drückt andauernd
etwas aus. Meistens das, was man von ihm erwartet.
Es ist immer beflissen, überbeflissen.

Er muss also hin. Bitte, denkt Meßmer, jetzt spielt er
denen einmal den Unterlegenen, Untergebenen, Er-
gebenen, den überhaupt nicht in Frage Kommenden.
Und unheimlich schmeicheln wird er denen. Bis alle
nur noch lachen und sagen: Nein, nein, nein, hör jetzt
auf damit, das ist wirklich zu viel. Er tut es also. Keiner lacht. Keiner bittet ihn, aufzuhören. Keiner sagt,
es sei wirklich zu viel. Noch nie war die Stimmung so
gut. Noch nie waren sie so freundlich zu ihm. Meßmer beschließt, bei dieser Rolle zu bleiben.

Er glaubt jedes Mal, dieses Mal gehe es endlich gut.
Und gerade dieses Mal geht es schief. Allerdings auf
eine völlig neue Art. Das ist für ihn das Interessante:
Wenn er sich vorbereitet, den Fehler, den er das letzte
Mal gemacht hat, zu vermeiden, passiert ihm ein ganz
neuer Fehler. Er scheint einen unerschöpflichen Vor-
rat an höchst persönlichen Fehlern zu haben. Wie
viele noch, möchte er jedes Mal fragen. Aber das wäre
auch ein Fehler.

Für Geschenke, die mich nichts angehen, kann ich leicht danken. Wenn mir aber jemand etwas schenkt, was mir, wenn ich es nicht hätte, fehlte, fällt mir das Danken schwer. Ich bin dann erbittert, gelähmt, ertappt.

Meine Fähigkeit, an Beziehungen zu glauben, schwindet rasant. Ich halte mich drastisch zurück. Es kann sich nicht um eine Einbildung handeln. Meine Zurückhaltung wird erwidert.

Um seinetwillen wendet sich jeder an mich. Um meinetwillen antworte ich. Das Gespräch ist eine Fiktion.

Was mich besonders erbittert – dass der Kontakt mit anderen nicht gelingt, obwohl ich alles, was ihm schaden könnte, verschweige.

Wenn alle ihn behandelten, wie er alle behandelt? Wäre er da nicht verloren?

Wenn ein anderer tut, was ich gern getan hätte. Wie ich es verurteile, wenn es ein anderer tut.

Um sich zu unterscheiden, müsste man nicht anders denken, sondern anders sein, denkt Meßmer.

Wer anfinge, sich zu erkennen zu geben, müsste damit rechnen, verlacht zu werden. Wer solche Bedenken hat, fängt nicht damit an.

Du gehörst nicht zu denen, zu denen du dich zählst. Wo du angetroffen wirst, dahin gehörst du.

Unter denen, die Wörter gebrauchen, gibt es keinen Unterschied.

Ich habe immer nach einem Auskommen mit allen gesucht. Jetzt stellt sich heraus, dass das ins Unerträgliche führt. Man erträgt sich selber nicht mehr. Man kommt nicht mehr aus mit sich.

Man achtet nicht sich, sondern die, denen man gefällig sein möchte. Eigentlich ahnt man schon, dass sie einen jetzt eher verachten als lieben müssen. Und was für Leute wären das, wenn sie einen jetzt noch lieben könnten?

Er fühlte sich entwertet wie der vor der Sonne fliehende Mond.

Wir müssen hoffen, dass wir verachtet werden. Würden wir geehrt, das würfe ein schlechtes Licht auf die Zukunft.

Wir sind alle glücklich, wenn wir nichts miteinander zu tun haben.

Ich bin kein Wärmeleiter. Mehr. Meint Meßmer.

Je weniger ein anderer mir schaden kann, desto weniger schadet er mir.

Wenn sie vernichten können, vernichten sie.

Es gibt keine Nähe zu anderen, die nicht zur Feindseligkeit führt.

Umstellt von Achtlosen, die dich beiläufig verprügeln.

Wenn es dir gelingt, auf der Flucht komische Bewegungen zu machen, bleiben sie vielleicht stehen, um zu lachen. Diesen Moment musst du nutzen, um wirklich zu entkommen. Gelingt es dir nicht, deine Verfolger zum Lachen zu bringen, hast du keine Chance.

Wenn alle so wären wie ich, wäre es furchtbar. Wenn nicht alle so wären wie ich, wäre es auch furchtbar.

Ich bin auf eine gute Meinung von mir angewiesen.

II

Ich bin durch Widerspruch geworden, was ich bin. Dem wurde widersprochen. Dem widersprach ich. Aus mir spreche nicht ich, sondern der Widerspruch.

Auch wenn andere einen zwangen, sich gegen sie zu wehren, also auch wenn man in der Abwehr das Gegenteil tat von dem, was sie von einem wollten, hat man, wenn man's nachträglich betrachtet, getan, was sie wollten. Auf jeden Fall hatten sie einen größeren Einfluss auf einen als man selbst. Ist das, womit man sich gewehrt hat, etwas Anschaubares, wird es einem nachträglich leicht widerlich.

Er kann nicht so gut kämpfen wie sein Gegner, weil er gegen das Gute kämpft, sein Gegner aber gegen ihn.

Er beschließt, sich jetzt nicht mehr anzupassen. Er will endlich er selber sein. Von jetzt an tut er das Gegenteil von dem, was man von ihm erwartet. Er merkt, dass er nicht das tut, was er will, sondern nur das Gegenteil von dem, was man von ihm erwartet.

Ich könnte auch, und zwar in jedem Augenblick, den von allen Seiten andrängenden Einwänden, die sich nicht einmal legitimieren müssen, nachgeben. So entstünde endlich eine Bewegung, die, da sie andauernd gehemmt wird, nicht oder nicht gut vorankäme. Je nach den inneren Lichtverhältnissen, ein reizender Eindruck.

Ich bin sehr klein geworden. Die Leute bleiben stehen und schimpfen. Sie bücken sich nicht so gern. Ich habe sie betrogen. Der Abstand von mir zu mir wird auch immer größer. Die Leute verwechseln uns miteinander. Noch schlimmer: Sie identifizieren mich mit mir. Und ich soll ihnen recht geben. Ich werde mich also auch mit mir identifizieren. Eine peinliche Fusion. Den Leuten zuliebe.

Plötzlich ist einer sehr groß, der gerade noch ganz klein zu sein schien. Dann erfährt man, dass er sich schon immer für so groß hielt. Das überzeugt. Und ist unnachahmlich.

Wenn eine ganze Serie von Ereignissen plötzlich beweist, dass man viel zu harmlos war, alles falsch verstand, überhaupt nicht bemerkte, was wirklich vorging.

Bei jedem polemischen Satz, egal wo er ihn las, egal von wem gegen wen geschrieben, musste er probieren, ob diese Formulierung auch gegen ihn selber passe. Das war der Effekt der Polemiken, die wirklich gegen ihn gerichtet gewesen waren. Alles Polemische – das war jetzt sein Eindruck – zielte auf ihn.

Wenn man bemerkt, dass jede unwillkürliche Reaktion bei einem selbst zuerst eine boshafte, bösartige ist, kann man noch versuchen, mit dieser Reaktion nicht einverstanden zu sein.

Wie man sich neigt und zum Verteidiger der Bösartigkeit wird: der Mitläufer von heute.

Einen, den man nicht mag, auf einen hetzen, den man auch nicht mag, wenn man weiß, dass die einander nicht mögen: Man bräuchte weniger Kraft. Meint Meßmer.

Ich bin nicht böse genug, also auch nicht gut genug.

Darunter leiden, dass man zu wenig Verbrecher ist. Man kann nichts begehen. Brav zum Ersticken. Unfähig zur erlösenden Gemeinheit.

Was für ein Segen, dass man nicht angewiesen ist auf das Gute, das Glück, das Richtige! Man kann auch im Verkehrten, Schrecklichen sein Auskommen finden. Man kann alles machen. Man ist Herr des Ermessens.

Haben wir uns nicht alle Instanzen unter den Nagel gerissen?

Einerseits zu Tode erzogen, andererseits ohne wirkliche Moral. Vielleicht ist er nicht im mindesten moralisch. Unfähig dazu. Verglichen mit anderen. Die Hoffnung, andere seien in Wirklichkeit auch so, ist ein Beweis seiner Unempfindlichkeit.

Manchmal spür ich einen brennenden Mangel an Mitgefühl.

Unsere Feinde sind unsere wirklichen Freunde. Sie machen uns das Sterben, das als schwer gilt, leicht!

Wie soll man sich den Feind vorstellen? Am besten wäre es, wenn man ihn von sich selbst überhaupt nicht unterscheiden könnte.

Es ist viel zu wenig Platz im Bewusstsein. Man ist festgelegt auf die Stelle, auf die die Schläge fallen.

Eine Schmähung muss man willkommen heißen wie etwas Wärmendes.

Wenn man gestürzt ist, hinkt man, auch wenn einem nichts weh tut, unwillkürlich. Wenn man hinkt, tut einem unwillkürlich etwas weh. Jetzt beginnt man zu klagen.

Jemand, der sich lange nicht um dich gekümmert hat. Dann dringt er ein, vehement, und tut so, als gehöre man zusammen. Das finde ich quälend. Ich habe unter seiner Abwesenheit gelitten. Er nicht unter meiner. Ich leide deshalb auch unter seiner Anwesenheit. Er genießt beides, meine Ab- und meine Anwesenheit.

Wenn man in Not ist, geht man großzügig um bei der Einschätzung möglicher Hilfsquellen. Man mutet es in Gedanken halbfremden, völlig uninteressierten Menschen zu, einem zu helfen. Man denkt sie sich so zurecht, dass es völlig unverständlich und geradezu skandalös wäre, wenn sie nicht alles einfach liegenließen, um einem zu Hilfe zu kommen. Stellte man sich eine Sekunde lang vor, wie überrascht man wäre, wenn man von diesen Leuten zu Hilfe gerufen würde, dann wüsste man, wie illusionär es ist, von diesen Menschen Hilfe zu erwarten. In Not sein heißt, sich Illusionen machen.

Dass der nicht davon anfängt! Man ist auf eine unheimliche Weise sicher, dass der davon anfangen müsse. Aber der denkt überhaupt nicht daran, davon anzufangen. Wenn man wenigstens wüsste, ob der tatsächlich nicht daran denkt oder ob er die ganze Zeit daran denkt, wie wichtig es einem wäre, dass er davon anfange, und eben deshalb fängt er nicht an davon. Aber das weiß man eben nicht. Und man ist nicht der, der davon anfangen kann, sondern der, der darauf angewiesen ist, dass der andere davon anfängt. Man ist der Ohnmächtige. Der andere ist der Mächtige. War man der auch schon?

Dass man meint, die anderen müssten teilnehmen an dem, was einen selber trifft, ist ein Gefühl von früher, als man noch in der Herde oder Horde wohnte und die Schnauzen aneinanderrieb. Noch lebt der Instinkt, der diesen Kontakt sucht. Dann findet er nichts.

Die Geschichte des unglücklichen Bewusstseins. Es gibt keinen Vorwurf, keine Schuld, nicht einmal ein Bedauern. Und es gibt keinen Reichtum, keine besondere Helligkeit! Es gibt nur Splitter, die man nicht zusammensetzen darf zu einem Bild. Sie müssen Splitter bleiben. Es gibt auch keine Geschichte.

Die Indianer quälten einander, weil es weniger weh tut, sich vom Bruder und vom Freund freiwillig quälen zu lassen anstatt vom Feind. Das Quantum Schmerz kennt man dann, ohne schon die Qualität des Schmerzes, die einem der Feind zufügen wird, ertragen zu müssen. Wenn man gelernt hat, das Quantum zu ertragen, kann man sich im Ernstfall ganz gegen die Qualität des vom Sieger zugefügten Schmerzes wappnen. So fremd kommt einem diese Praxis nicht vor, auch wenn wir unsere Übungen nicht mit dem Messer bestreiten.

Nach Dornen, die, solange man sich nicht rührt, nicht ins Fleisch eindringen, sehnt man sich. Inmitten einer Drohung zu sitzen, die warten kann. Etwas, was sich nicht auf einen zubewegt, ertrüge man. Eine Situation, die sich ohne eigenes Zutun nicht zum Schlimmeren ändert, kann man, auch wenn sie nicht angenehm ist, lange ertragen. Auch Bewegungen, die der Verbesserung zu dienen scheinen, sind, weil sie, wie jede

Bewegung, zum Schlimmeren führen können, zu unterlassen. Alles ertragen, alles unterlassen.

Ich habe meistens nicht den Mut zur Empfindung. Ich muss von mir immer noch etwas mehr verlangen als bloße Empfindung. Die dadurch notwendig werdende Arbeit erbringt dann – und das ist wichtiger als das immer schwankende Ergebnis – eine Art Ermüdung. Unermüdet ertrag ich mich nicht.

Ich versuche, so gut es geht, den Bedeutungen auszuweichen, die aus allem Begegnenden auf mich zukommen. Oder, genauer: Ich weiche nicht aus, sondern biege die Bedeutungen so, dass sie für mich erträglicher werden.

Früher oder später wird alles Kunst.

Ich möchte in meinem Zimmer bleiben dürfen und keinem Menschen sagen müssen, warum ich nicht hinauswill. Ich weiß, warum ich nicht hinauswill. Aber meine Gründe sind so lächerlich, dass ich sie höchstens auf einer Folter gestehen würde.

Ich möchte das und das nicht sehen. Die Vortrefflichkeit von Joyce ist mir schnuppe. Ich sinke irgendeinem Fernsehen entgegen.

Ich wohne günstig. Beim kleinen Schmerz.

Von meinem Schmerz kann ich nicht reden, er ist zu klein. Aber schweigen kann ich von ihm.

Wenn der Schmerz nachließe, würdest du dann gefälligst glücklich sein? Ja.

Ich nütze euch nichts. Ich erwarte euren Bescheid.

Inzwischen haben schon die Nützlichen zu wenig zu tun. Ich bin dadurch nicht noch unnützer geworden, nur noch überflüssiger.

Ich will den Eindruck erwecken, ich habe gelebt: Ich kenne das Gefühl, wenn man nichts machen kann.

Man könnte. Aber man kann nicht.

Auf jeden Fall werde ich, oder wenigstens will ich, wenn nicht, dann doch, allerdings müsste ich, und kann nicht.

So sichtlich Ausflüchte machen. Offenbar sind wir Angeklagte. Es ist uns egal, dass man uns nicht glaubt. Um unseretwillen müssen wir lügen.

Man bremst sich andauernd im Vorgehen gegen sich selbst. Man stellt das Verfahren ein, weil man Angst hat, es könne zu weit führen.

Je ernster er den Prozess gegen sich betreibt, desto unernster meint er es.

Ich bin gesund bzw. krank.

Lass dich in Ruhe.

Ein Leben darf man führen. Dagegen sagt fast keiner was. Selbst Doppelleben sind unter Umständen erlaubt. Aber dann hat sich's. Dann musst du verheimlichen. Vor allem vor dir.

Oft verabrede ich mich mit mir und gehe nicht hin. Hoffentlich sterbe ich weg, bevor ich mir sage, was ich von mir denke.

Wenn ich jetzt schlagen dürfte, zuschlagen, bis mir die Hände so weh täten, dass ich nicht mehr weiterschlagen möchte.

Den ganzen Abend, das heißt zirka drei Stunden, saß ich und trank langsam eine Flasche Macon 1970 und stellte das Glas nicht ein einziges Mal auf den Tisch, weil ich es in der Hand behalten wollte, um es jederzeit an die Wand werfen zu können.

Den Unglücklichen erreicht niemand. Er zollt keinen Respekt.

Ich will den nicht mehr sehen. Und den nicht. Ich verachte das angebliche Lächeln dieses Herrn. Und das begeisterte Quieksen jenes Herrn. Und die hinterfotzige Liberalismusliebe wichtigtuerischer Republikaner. Ich will nirgends sein. Weder dabei noch nicht dabei. Ich suche keine Gründe, mich zu hassen. Ich muss versuchen, mich zu lieben, mich zu ertragen wenigstens, es ohne weiteres auszuhalten mit mir. So wie dieser Herr und jener Herr mich sieht, bin ich unerträglich. Wenn ich allein bin, ertrage ich mich. Wenn andere da sind, wird in jeder Sekunde Ungutes für Stunden produziert. Fahren wir fort. Nächste Woche. Aber doch nicht mit einem Schicksalsgenossen. Bloß keine Parallelen. Nichts ist so beschämend wie Parallelschicksale. Da denen gegenüber die zärtliche Voreingenommenheit wegfällt, tritt der verachtenswerte Befund blank hervor, und die Einsicht, dass man genauso ist, wird unabweisbar. Herbsttage. Prosatage. Es riecht feucht, dunkelgrün. Überall die Leichenfeier. Blätterflammen. Wir bitten um Nebel. Lieber Winter, sei so gut und schließ mir die Augen mit eindeutigem Weiß.

Die Wände seines Zimmers sind mit der Zeit immer runder geworden. In seinem Zimmer lebt einer, der heißt Scardanelli. Vorname: Immerschon. Bedauernswert, dieser Immerschon Scardanelli. Aber natürlich nicht so bedauernswert, wie es wäre, wenn Herr Immerschon Scardanelli früher Hölderlin geheißen hätte.

Man wohnt in einer Maschine, hat trockene Schleimhäute, das Licht sticht in die Augen. Wenn die Heizung einsetzt, zittert das Haus, die Saurierseelen brüllen im Kamin hoch und streuen sich über das Land als schadenfrohen Ruß.

Eine Menge Verwandter kommt abends ins Zimmer, saugt Staub, wendet sich mir zu, ich schlage vor: Seid sorgfältig. Vergesst mich nicht.

Den Ausschlag gibt, wonach man sich sehnt. Ich wage nicht, selbständig zu sein. Unabhängig käme ich mir verbrecherisch vor. Für mich spricht nichts als die Leiden meiner Vorfahren. Ihr gespartes Leben gebe ich aus.

Der größte Luxus ist die Majorität. Da könnte ich auch aufleben, wenn ich die Majorität hätte. Das Zustimmungsproblem ist ein großes. Kaum hat man nicht die Majorität, fehlt einem etwas. Schon raucht man zu viel, schläft schlecht, erleidet Schweißausbrüche, hat Angst. Ich gab dem Arzt meine Diagnose: die fehlende Majorität. Ich sah schon an seinem Gesicht, dass ich seine Antwort nicht ertragen würde, also sagte ich: Zurück! Zurück zum Verbrechen, zur Glasbauweise, zur Verallgemeinerung des Anliegens, zur Öffentlichkeit der eigenen Not ... Der Arzt unterbrach. Das Wetter, sagte er, lass das Wetter nicht außer Acht! Beziehungsweise die Sprache, sagte ich. Die Sonne scheint durch die Wörter, sagte er, was willst du mehr!? Die Majorität, sagte ich. Seine Verachtung spürend wie eine Medizin, verabschiedete ich mich.

Das Höchste: wenn es gelänge, die eigene Person statt als Hauptperson als Nebenperson darzustellen.

Ich müsste mich einziehen wie eine Angelschnur und verstreuen oder liegen lassen, es ist gleich, mir fehlt jetzt der Mut, den man braucht für einen Sinn.

Wenn ich aus einem oder aus mehreren Zimmern von glücklichen Bewegungen berichten könnte, würde ich es tun.

Der Einzelne ist ein Idiot, den man von hier nach da tragen kann.

Falls es noch etwas anderes gab, war er nicht mehr fähig, das zu empfinden. Kälte und Gehässigkeit, das war alles, was er empfand. Rundum. Und in sich. Da es nun so war, fand er, es sei unwichtig, darüber nachzudenken, ob die Kälte und Gehässigkeit rundum der Kälte und Gehässigkeit in seinem Inneren vorausgegangen sei. Natürlich hätte er sich lieber schuldlos gesehen an der Kälte und Gehässigkeit, von der er sich ausgefüllt, ja beherrscht fühlte. Aber er traute sich nicht, den Richter zu spielen. Er würde ohnehin an dieser Kälte und Gehässigkeit zugrunde gehen.

Die Einwirkung auf seine Organe wurde täglich spürbarer. Diese Einwirkung war nicht zu mildern, solange Kälte und Gehässigkeit eine Art absolutes Klima bildeten. Und dieses Klima, wer auch immer es verursacht haben mochte, war unabschaffbar. Er hätte gern geglaubt, er allein sei eine Art Opfer dieses Klimas. Aber wie sollte er wissen, ob nicht drei Straßen weiter auch jemand genauso saß wie er und darüber nachdachte, welchen Anteil T. H. Meßmer an seinem Dasitzen habe.

Es ist überall kalt, habe ich gefunden. Aber beweisen kann ich es nicht.

Ich habe jetzt Gründe, zu Hause zu bleiben. Nicht, dass ich genug gesehen hätte. Niemand hat genug gesehen. Jeder zu viel.

Ich darf kein Messer anschauen. Das ist, glaube ich, mein Interesse: den Anblick eines Messers meiden. Vor allem den dieses spitzen, scharfen, leicht gebogenen Briefmessers. Jetzt habe ich schon drei davon. Mein Büroartikellieferant schenkt mir zu jedem Weihnachten ein neues. Als wolle er mich immer wieder an etwas erinnern.

Meßmer behauptet, nicht immer feindselig gewesen zu sein. Er sei so geworden, so gemacht worden. Er droht. Das ist seine Lieblingsstimmung: zu drohen. Andererseits würde er gern in der Friedensbewegung mitarbeiten. Aber er findet, er habe, so wie er gestimmt sei, kein Recht, als Friedensfreund aufzutreten. Wenn ihn jemand zu gewinnen sucht, sagt er: Ich bin leider ein Feind.

Wenn er droht, nimmt niemand ihn ernst. Drohungen glücken ihm nicht.

Wenn ich toben würde, würde ich, wenn ich ausgetobt hätte, die Scherben sorgfältig zusammenkehren.

Hat nicht jeder Vater eine Peitsche in der Hand und jagt zum Tor hinaus die Kinder, die noch bleiben wollen?

Gibt es Gelassenheit? In der Todesnähe. Aber im prekären Augenblick, im Augenblick der Niederlage, denkt man immer zu spät an den guten, braven, lieben, herrlichen, gütigen, sanften, wunderbaren Tod. Zuerst herrscht der Lebensschmerz. Bis man an den Tod denkt, ist es schon wieder zu spät. Für Gelassenheit.

Man hat, wenn man den Tod dem Leben vorzieht, sich selbst einen Gefallen getan.

Wenn einer schreit, bis er stirbt. Wenn er sich überhaupt nicht fügt. Wenn er protestiert, solange er kann. Wenn er überhaupt keine Fassung findet. Wenn er nichts als seine Angst hinausbrüllt. Wenn er nur noch von seiner Feigheit quatscht. Wenn er brüllt, er wolle, bevor er verrecke, noch die Welt in die Luft sprengen. Wenn er brüllt, er werde es nicht zulassen, dass ihn auch nur ein einziger Mensch überlebe. Wenn er sämtliche Schallplatten, die er erreichen kann, zerbricht. Wenn er keinem die Illusion lässt, er könne Abschied nehmen von ihm. Wenn er verlangt, alle müssten ununterbrochen um ihn herum sein. Wenn er jeden anspuckt, der sich ihm nähert. Wenn er verlangt, alle sollten sich sofort die Pulsadern öffnen. Wenn er sich unmöglich benimmt. Dann benimmt er sich richtig. Angemessen.

Wenn er das nächste Mal stirbt, wird er Kopfhörer aufsetzen und die 3. Symphonie von Bruckner laufen lassen. Dadurch könnte sein eigener Tod ein bisschen größer werden, er würde nicht mehr nur ihn angehen. Einem allgemeinen Tod zuhörend, würde er in den eingehen.

Übertrieben alles, was sich nicht auf den Tod bezieht; was den angeht, kann man nur untertreiben.

Eingeklemmt zwischen Leben und Tod rühr ich mich nicht.

Von der Sucht zu leben, muss man sich entwöhnen wie von anderen Süchten auch.

Ist es nicht besser, in einem Alter zu sterben, in dem man noch nicht damit rechnen muss?

Verbissen ins Leben. Man muss es mir aus dem Maul reißen, auch wenn die Zähne mitgehen.

Wenn man der Vernichtung näher kommt, versucht man sich – obwohl das unmöglich ist, und man weiß das – vertraut zu machen mit ihr.

Was deine Hosen angeht, könntest du noch länger leben. Es fehlt der Mut.

Dass er gelebt hat, gibt keiner zu. Mit einem Kinderfinger zeigt er auf weiße Flecken, da war er noch nicht. Einen zu rufen, unverrichteter Dinge! Fluchend ab.

Was ich bereue: dass ich anderen Opportunisten die Hand gab, meine Verachtung verschwieg, freundlich war, wo ich hätte schreien müssen.

Das Bewusstsein seiner Unfähigkeit breitet sich so langsam aus in ihm, dass zu hoffen ist, es werde ihn erst kurz vor seinem Tod vollkommen ausfüllen.

Als Tier würdest du jetzt eingehen. Sitzen, keine Beute mehr. Du wüsstest nicht, wie alt du bist, aber umso genauer würdest du dein wirkliches Alter zugeben.

Der Blick sinkt, bis du nichts mehr siehst als die Spitze deines Schuhs.

Wenn du nur noch in eine Richtung schauen kannst, ist es aus.

Ich schaue dem Tod ins Gesicht und sage: Es gibt dich nicht.

Wie noch beauftragt, unterscheidet dein Gehör alles, was kommt. Die Augen zweifeln schon an ihrem Geschäft. Dein Herz sammelt die Schwere, der es erliegen will.

Die Last regiert die Stunde. Ich wiege etwas mehr als die Welt.

Damit man ihn nicht verfehle, ist es ein gleißender Draht, auf dem getanzt wird. Er führt über einen leuchtenden Abgrund, und der Himmel über allem glänzt. Geblendet auf jeden Fall setzen wir Schritt für Schritt in den Raum der Angst.

Der Angsttyp redet, als gehöre er zu einem Schwall Wassers, der die Öffnung, durch die er hinuntergurgelt, schon erreicht hat.

Auf diesem Draht kann man sich nur halten, solange man sich vorwärts- oder rückwärtsbewegt. Wenn man ein einziges Mal aufgehört hat, sich zu bewegen, rudert man gleich mit den Armen durch die Luft und weiß, dass das die Sekunden vor dem Sturz sind, ja, dass die durch die Luft schlagenden Arme schon zum Sturz gehören.

Er ist nachlässig, brutal, hilflos und unsicher im Gebrauch einfacher Instrumente, aber fähig, jedem Winter schluchzend zuzusehen.

Wehe mir, wenn ich Konsequenzen aus mir ziehe.

Schweigen, meiden, fortbleiben. Nur ein langsames Schwirren im Kopf. Zur Verhinderung klaren Bewusstseins. Ich will absehen von mir.

Ich gebe alle Tätigkeit auf. Ich spüle mich hinab. Die Lippen haben sich zwischen die Zähne geworfen, weil dieses rasche und harte Aufeinanderschlagen der Zähne nicht zu ertragen war. Solange ich noch sexuell tendierte. War es da nicht schlimmer? Nur für die anderen. Auswanderungsspiele also. Plünderung ärmerer Siedlungen. Überfälle auf Babystationen. Dynamit in junge Fischzüge. Abhacken der rechten Hand mit Hilfe der linken. Der Rechtshänder kann sich nur die Linke abhacken. Also weiter so: Ohne alle Zustimmung tropft dein Abenteuer von deiner Bewusstseinsdecke zu deinem Bewusstseinsboden. Der Titel dieses Romans: Der Stalaktit.

Ich wünschte, ich wünsche, ich zähle die Wünsche, probiere sie an und lasse sie ändern, ich trage nur passende Wünsche. Ich wage es nicht, mich zu erkälten.

Nachts wenn man aufwacht und auf den Abort geht, ist man so empfindlich wie Rilke, als er die Duineser Elegien anfing.

Wer so leicht wäre wie. Aber wer ist so leicht. Ledige gehen von sich weg. Gebundene gehen unter in sich. Eigentlich kommt keiner davon. Ich möchte gestern ein herbstliches Rennen geritten haben. Querfeldein, und nebelnass und dünstereich zurückgekehrt an ein Feuer mit Holz und Kessel und unverfänglichen Reden. Müde bin ich auch. Aber von was!

Versehrt vom Christentum, stand er seinem Körper unversöhnt gegenüber. Er versuchte, sich immer wieder zu täuschen, wollte wirklich klein beigeben, zufrieden sein – umsonst. Er konnte sich nicht abfinden mit seinem Körper. Mit all dem Drum und Dran. Alles Körperliche wurde ihm eine unerschöpfliche Quelle des Missvergnügens. Tod und Teufel, das war sein Körper, sonst nichts.

Ich schäme mich und wage nicht zu gestehen, für was.

Niemals wird man mich dazu bringen zu glauben, ein katholischer Geistlicher könne lügen.

Umwege, so weit, dass man nicht zurückkehrt auf die Hauptstraße und sogar vergisst, dass man abgebogen ist. Wenn man lange genug dem Nebenweg folgt, wird er der Hauptweg. Zum Glück verliert sich alles. Die Ansprüche schrumpfen schnell. Aber da sie riesig waren, ist auch noch nach Jahrzehnten etwas übrig von ihnen. Und von den ältesten, den frühesten und irrsinnigsten am meisten.

Wir können uns nicht frei fühlen. Entlaufene Sklaven. Im Dunkel kauern. Voller Angst hoffen wir, der Herr verfolge uns.

Karfreitag, Name einer Flüssigkeit, die sich durchs Jahr hinzieht und aufgeleckt werden muss jeden Tag.

Gegen Abend geht ein Farbiger frierend an deinem Fenster vorbei. Das Mädchen lacht immer noch wie vor vier Stunden. Das Grün der Bäume droht unverständlich. Wer lebt, hat nichts davon.

An einem solchen Enttäuschungstag muss man konsumieren. Etwas Neues, bitte. Etwas Glänzendes. Teures. Auf dass eine Ruhe ist an der Existenzfront. Ich bin der König von Thule.

Das Treiben rast in seine letzte Bahn. Wolkenrauch stiebt runter. Die Augen färbt jeden Endes krasse Unerwartetheit.

Schnell und unbestimmt, heiß von Willen und Leere, angestrengt vom Ende, kippen wir uns in den Grund.

Ohne Hoffnung, ergreift dich Geschäftigkeit.

Es rutscht zumindest. Und immer schneller. Kein Wunder, dass du bei dieser Geschwindigkeit allmählich glaubst, es handle sich um einen Sturz. Kein Wunder, dass du dich halten willst, dass dir das, so wild du auch um dich greifst, nicht gelingt. Überhaupt: kein Wunder.

Wenn ich etwas zu mir sagen könnte, was ich gern höre.

Ich wirke nicht günstig auf mich.

Deutlich müder. Eine Stufe weiter herunten. Das darf er nicht merken lassen. Er muss auftreten auf der Stufe, auf der man ihn zuletzt sah.

Ein schlichter Schmerz ist immer da, mich zu entschuldigen. Den müsste ich, wenn ich ihn nicht hätte, kommen lassen.

Man geht auf ein Loch zu, weiß, dass man hineinfallen wird, und fällt hinein.

Ich kann mich mir bald nicht mehr leisten.
Wenn ich nicht hören will, muss ich fühlen.
Gar alles kann ich mir auch nicht durchgehen lassen.
Ich höre nicht auf mich.
Meine Geduld mit mir ist nicht zu Ende.
Ich lasse mich nicht, ich segnete mich denn.
Solche wie mich verachte ich. Mich aber nicht.
Ich würde nicht atmen, wenn ich nicht müsste.

Ich bin in ein Leiden geleimt.

Ich möchte entlassen werden von mir.

Was mit mir zu tun hat, lähmt mich mehr, als dass es mich erschreckt. Nichts Abschnürenderes als dieses zunehmende Interesse für mich selbst. Ich weiß, dass ich dieses Interesse nicht wert bin. Ich bewache mich von morgens bis abends. Ich gähne nicht. Kein Kriminalfilm ist so spannend wie ich für mich. Nirgends passiert so wenig wie in mir. Zusammenfassend kann ich sagen, ich sei leer. Nicht ungeheuer leer. Einfach leer. Eng und leer. Trüb, eng und leer. Ich scheppere vor Leere. Ich war einmal anders. Ich kann nicht behaupten, ich sei jünger gewesen. Ich habe Fotos, auf denen ich jünger aussehe. Ich kann mich nicht erinnern, dass ich mich jünger gefühlt habe. Ich habe nie gedacht: Mein Gott, bin ich jung. Ich habe nie gesagt: Was darf es sein, ich bin jung. Ich habe mich immer so gespannt bewacht wie jetzt. Ich habe immer auf etwas gewartet. Ich weiß nicht, wie diese Erwartung entstanden ist. Seit ich denken kann, bin ich im Zustand gespanntester Erwartung. Ich weiß nicht, was ich von mir erwarte. Es muss etwas Außerordentliches sein, sonst wäre ich nicht so gespannt. Auf jeden Fall ist alles, was ich mache, nichts gegen das, was ich erwarte. Sicher ist auch, dass ich niemandem vorwerfen kann, mir diese Erwartung eingeimpft zu haben. Sie war da, als ich zum ersten Mal ICH sagte. Ich kenne mich nicht ohne diese Erwartung. Ich bin diese Erwartung. Also bin ich auch diese Enttäuschung. Ich gehe an einer dürren Hecke entlang und kann nicht anders, als mit immer schmerzenderer Hand an den harten, dürren, stechenden Zweigen entlangzustreifen. Die Welt, kommt mir vor, ist übervoll von blühenden, saftigen, duftvollen, leise wehenden Hecken. Sie liegen nicht an meinem Weg. Was für Töne, Bewegungen, Gesichter, Gedanken nehme ich wahr! Was für Lippen, zum Beispiel! Ich ärgere mich mit Recht schon über meine Schuhe. Ich habe noch nie Schuhe gehabt, die mir passten. Gut, das ist lächerlich. Ein Luxusproblem. Es gab Zeiten, da hatte man in meinen Schichten überhaupt keine Schuhe. Da wäre jeder in meiner Klasse froh gewesen, wenn er wenigstens zu große oder zu kleine Schuhe gehabt hätte. Was ich als Lippen habe, ist schlimmer als der Umstand, dass ich, zweier ganz ungleicher Füße wegen, nur zu große oder zu kleine Schuhe kenne. Ich habe erbärmliche Lippen. Nicht, dass sie zu klein wären. Im Gegenteil. Aber jemand wie ich sollte nicht so viel Lippenmaterial zur Verfügung haben. Ich weiß nichts anzufangen damit. Das fällt auf. Meine Lippen … also das zur Verfügung Stehende, ich bringe es in keine lippenhafte Ordnung, ich schaffe keinen Mund damit. Aber das ist nicht so schlimm. Ich bin – das weiß ich auch – einer der glücklichsten, beneidenswertesten Menschen dieses

Zeitalters. Ich bin eins mit meiner Erwartung, die von einer Enttäuschung nicht zu unterscheiden ist. Ich bin fühllos, leidlos glücklich. Dass mir kein Mund gelingt, ist nur ein Mangel im Bereich des Erscheinens, der mir, dem es um die herrlich leidlose Fühllosigkeit selber geht, nicht der wichtigste ist. Armseligkeit, das ist die wahre Seligkeit. Nur das Leben nicht ins Kraut schießen lassen. Ich sehe doch, höre doch, ja ich rieche sogar, was die Reicheren, Lebendigeren, Erfüllteren, Schöneren zu leiden haben um ihrer Ausstattungen willen. Ich pfeif auf alle Ausstattungen. Wenn auch nur mit meinen schwer zum Pfeifen zu bringenden Lippen. Das Schönste an meinem Zustand ist, dass er keiner ist. Mein zwischen Erwartung und Enttäuschung hin- und herrasendes Wesen lässt das nicht zu. Ich behaupte zwar gern, Erwartung und Enttäuschung, meine beiden Wesenskerne, seien eins und ich sei diese ihre Einheit, aber jeder weiß, dass diese Kerne nicht zu einer auch nur die kleinste Zeiteinheit überdauernden Verschmelzung zu bringen sind. Unaufhörlich tobt in der allergrößten Intimität der nukleare Orkan. Dieses allerkleinste und allermächtigste Hin und Her kann nicht aufhören. Sobald die Enttäuschung alles in mir zum Erstarren gebracht hat, löst sie, auf ihrem äußersten Schärfegrad, die Erwartung aus, die ihrerseits kein anderes Ziel hat, als durch unendliches Aufschießen eine Enttäuschung vorzubereiten, die ihrer würdig ist. Ja, es ist spannend. Also wirklich, ich kann von Glück sagen.

Jeden Satz, der mit Ich anfängt, sollte man streichen.

Ich kann nichts tun. Aber ich kann auch nicht nichts tun.

Plötzlich werden alle Leute so eckig, dass man Angst haben muss, sich an ihnen zu schneiden.

Alles hat diese Schärfe. Das Gefühl, ich müsse mich vor allem hüten. So vorsichtig, wie ich glaube sein zu müssen, kann man, wenn man noch leben will, gar nicht sein. Wenn ich einmal nicht so vorsichtig bin, wie ich glaube, sein zu müssen, schüttelt es mich vor Angst, einen vernichtenden Fehler gemacht zu haben.

Mit den Fäusten in den Augen hab ich diesen Tag verbracht. Es hat schwarz und rot geregnet in meiner Lichtlosigkeit.

Wenn jetzt langsam die Welt auseinanderbräche, hätte ich das Gefühl, das entspräche mir.

Der Mensch ist das Geräusch, das sich auf die Nerven geht.

Man kann sich umbringen wie ein Diener einen unerträglichen Herrn.

Wenn man verbittert ist, schmeckt das Leitungswasser im Mund, als sei es gesüßt.

Ich bin begehrt. Die Müdigkeit macht mich der Erbitterung streitig. Die Erbitterung will mich nicht der Müdigkeit überlassen.

Vor den Momenten des Zusammenklappens riecht die Luft, nach Essig. So stark, als rieche man an einer Essigflasche.

Dass es ernst ist, wissen wir, aber wir glauben es nicht.

Ich mache mir nichts klar. Ich bleibe befangen. Ich will aus dem Irrtum nicht hinaus.

Ich lebe wie nicht.

Dass ich die Hand noch rühre, ist heldenhaft.

Am liebsten nichts. Wenn etwas, dann ein Geständnis.

Was ich zu gestehen hätte, gesteht man nicht.

Wie kannst du herausbringen, ob du noch Energie hast? Auf jeden Fall würde der Glaube, du habest keine mehr, auch die, die du noch hast, zerstören.

Immer wenn ich zu Boden muss, fange ich selber an zu zählen.

Etwas zugeben heißt, es propagieren.

Hab ich gestern, als ich von den Unannehmlichkeiten, die mich jetzt beherrschen, frei war, gejubelt? Nein. Also bitte.

Wenn ich jetzt wüsste, was am leichtesten wäre, würde ich das Leichteste tun.

Ich hätte mich nicht zurücklehnen dürfen. Jetzt kann ich mich nicht mehr aufrichten.

Eingeschränkt bis aufs letzte, müsste ich dieses Letzte doch verteidigen. Nichts weniger. Gerade das nicht.

Als er so weit war, dass er nur noch die Geräuschfolge seiner Waschmaschine beschreiben konnte. Jede andere Erlebnisfähigkeit hatte er eingebüßt.

Ich möchte mich zusammenfalten wie die Karte eines Landes, in das ich nicht mehr reisen werde.

Wenn ich mich krümmen könnte, bis ich mich nicht mehr weiter krümmen möchte.

Jetzt noch in den Zähnen stochern. Nichts bleibt unversucht. Danach fällst du zusammen, um wild zu verfaulen.

So weit sein müsste man wie der Sand. Dann hätte man's geschafft. Dann gehörte man dazu. Zu dem, was bleibt. Wenn etwas bleibt, dann der Sand.

Im Zusammensinken ist man natürlich ganz auf sich selber konzentriert.

Im Straßengraben liegend, vom Fürwort verlassen, nur eine Fläche Gesicht, von der trieft, was die Reifen spritzen.

Wenn du jeden Tag die gleiche Suppe isst, wirst du sie lieben.

Zwing dich, Strich für Strich, durchs Bewegungslosigkeitseis.

Auch könnte es sein, dass du morgen etwas zu essen bekommst, wofür es sich lohnt, am Leben geblieben zu sein.

Wir sehen einander absichtslos an.

Wahrscheinlich muss man, will man geliebt werden, lieben.

III

Mach das Fenster auf, lass dich anschneiden von der Winterluft.

Zu leben ist etwas, jenseits von allem, was dagegen spricht.

Es scheinen die Berge deine Gesellschaft zu sein, weil sie weit weg sind.

Vorher war niemand an deiner Stelle, jetzt ist auch niemand an deiner Stelle, aber jetzt fehlt jemand an deiner Stelle.

Was ich, weil ich zögere, nicht mehr erreiche, ist, sobald ich darüber nachdenke, etwas, das mich ausstattet.

Härte brauchst du, sonst sinkt, was dich trifft, durch dich durch und kennt sich nicht.

Nur geschraubte Klagen interessieren mich.

Um zu sehen, dass das, was man denkt, nicht das ist, was man denken will, muss man es aufschreiben.

Innen das Gewicht will Bewegung. Ein Wort am Start. Such mit den Augen ein Ziel. Es darf ein Vorwand sein.

Man sieht das Bewusstsein mit mehr als Lichtgeschwindigkeit über Wörter hinrasen und weiß schon, bevor das Bewusstsein dort angelangt ist, dass es bei dem Wort *niederdeutsch* enden wird.

Wie lange schon hast du nicht mehr riskiert, etwas Unbeweisbares zu empfinden! Immer ausgewichen, wenn etwas ankam, das nicht einzusehen sein würde. Nicht, dass alles bewiesen wurde, aber ein Gefühl der Beweisbarkeit sollte alles begleiten können. So ist die Feigheit entstanden; der enorme Käfig, der dich schützen sollte und dich einsperrt.

Spring auf! Zur Gänze. Lass Klänge führen. Fort vom Geschehenen. Leugne die Schwere. Schau, dein Schat-

ten singt. Sing ihm die zweite Stimme. Vielleicht tanzt
er dann.

Dagegenhalten ist alles. Das Gegenteil herauswirt-
schaften. Eine Laune, die man nicht haben kann, die
es nicht gibt. Bei Soldaten nennt man sie Mut. Bei
Frauen vielleicht Liebe.

Jeder verstellt sich dem Nächsten zulieb. Auch will er
wie andere bleiben. Der Wind wird laut an Häusern,
in denen es still ist. Die Kälte klingt auf wärmebergenden Mauern. Wir reden, als ob wir einfach wären.
Lieber träumen wir alles, als dass wir es sagen.

Eine Figur vorführen, deren Tod man nach der Vor-
führung für gerechtfertigt hielte, das wäre Realismus.

Man empfindet, schreibt es hin, überprüft, ob es das ist,
was man empfand. Dann korrigiert man, was durch
das Hinschreiben anders geworden ist, als man wollte.
Durch das Korrigieren ist das, was durch das Schreiben entstanden ist, vernichtet, ohne dass dadurch die
ursprüngliche Empfindung fassbar geworden wäre.
Man muss von vorne anfangen. Ohne die Absicht,
einer bestimmten Empfindung gerecht zu werden.

Ich könnte für jede Allgemeinheit den wirklichen
Anlass notieren. Aber eben das kann ich nicht. Ich
würde ihn dadurch verstärken. Ich würde sein gegen
mich gerichtetes Gewicht genau dahin lenken, wo es
am schlimmsten wirkt. Ich wehre mich durch Verallgemeinerung. Die dadurch eintretende Verschwom-
menheit verhält sich zum Anlass wie der Grabstein
zur Leiche. Man kann ohne krassen Schrecken davor-
stehen.

Wenn man von den Mitteln nichts mehr verlangt, verschwinden sie. Übrig bleibt unmittelbar der Darstel-
lende.

Das ist typisch für die Erschöpfung, sie erlaubt nichts
mehr als ihre Betrachtung.

Einen Gegenhomburg schreiben. Voller Frühlings-
licht und weicher Wiese. Schauspieler müssten spielen,
wie schön es ist, auf einer Wiese zu gehen, die jeden
Schritt nachgiebig empfängt. Wenn sie die grauen-
haften Hornburg-Entschiedenheiten spielen können,
müssten sie auch dieses Schöne spielen können. Beides
gibt es nicht, beides muss man spielen. Links müsste
heller Laubwald begrenzen, rechts eine dunkle Tan-
nenwand mit hellen Spitzen. Dazwischen die anstei-

gende Wiese. Hinten reiner Süden, Säntis usw. Aber was sollte da einer dem anderen tun? Die könnten alle nur leiden.

Das Schönste muss sein, etwas aus sich herauszubringen, ohne dass man von außen viel braucht. Denkt Meßmer.

Ich bin euch um nichts Schönes voraus. Ich gebe nie mehr, als ich kriege. Ich schulde sogar. Ich schulde und schulde.

Meine Arbeit ist die Reise. Gefährlich, das Umsteigen. Am gefährlichsten in Zürich. Da laufen so viele Leute durcheinander, dass immer mehr sich immer häufiger gezwungen sehen, stehen zu bleiben. Ihre Entschlossenheit ist nicht der Art, dass sie, was ihnen im Weg ist, mit Gewalt beseitigen. Sie kämen ja auch nicht weit. Also ist es das Vernünftigste, so lange stehen zu bleiben, bis der Weg wieder frei ist. Das ist aber das Gefährliche. Die Masse der Durcheinanderlaufenden sieht aus wie eine Masse Stehenbleibender. Man hat das Gefühl, in einen Schicksalssumpf geraten zu sein. Man ist aufgegangen in anderen. Man fühlt sich erlöst von der Notwendigkeit, das Ziel zu erreichen. Du wolltest weiter, du wolltest ankommen, aber es geht nicht. Irgendeine Hoffnung sagt dir, wenn du umkehren, den Rückweg antreten würdest, würde sich dir ein bisschen weniger in den Weg stellen. Das Einzige, was jetzt nötig wäre: Du müsstest dich umdrehen. Aber die Reise ist deine Arbeit. Du musst ankommen, bevor du umkehren darfst. Du bist darauf angewiesen, dich für zuverlässig halten zu können. Und jetzt löst sich die Stockung schon wieder, du könntest gehen. Und so oft du auch noch aufgehalten wirst, du stehst einfach da, wartest zeitlos, bis es weitergeht. Dass du umkehren könntest, diese phantastische Wegvariante ist überwunden. Du wirst ankommen. Wie immer.

Wenn er so angetrunken in einem Taxi sitzt, das lange durch enge Straßen fährt, hat er das Gefühl, er fahre auf etwas zu. Man darf doch das Leben nicht vorbeigehen lassen, denkt Meßmer. Am besten ist es, durch fremde Städte zu gehen; Bekannte, die man hat, nicht anzurufen; die Karten fürs Theater zu kaufen; die Vorstellung zu versäumen; die Süße der Todesidee zu kosten wie etwas, woran man nicht glaubt.

Dieser winzige Kreis. Und dann gleich die Wildnis. Wir sind immer noch Abenteurer.

Nur noch eine einzige Empfindung, die er genauso gut Sehnsucht wie Scham nennen könnte.

Wenn ihn die Sonne anscheint, schließt er die Augen. Sobald eine Wolke ihren kühlenden Schatten wirft, gehen die Augen wieder auf.

Eine leere Seite ist wie eine leere Kirche, sie hallt.

Er sehnt sich danach, ein Gedicht machen zu können. Dass er nicht aussprechen kann, wie ihm zumute ist – und das könnte er, meint er, nur in einem Gedicht –, empfindet er als etwas unnachgiebig Quälendes. Eine Zumutung.

An einem Abend alles Papier der Welt mit sich vollschreiben.

An einem Tag passiert so viel mehr, als man an einem Tag schreiben kann. Nur in einem Gedicht könnte man alles sagen. Weil er kein Gedicht machen kann, hat er das Gefühl, es in der Gegenwart nicht aushalten zu können.

Meßmer ist ein Graphomane. Er fühlt sich bei Toten wohl. Viel lebendiger fühlt er sich unter Toten als unter Lebendigen. Unter Lebendigen stirbt ihm alles ab. Unter Toten lebt er auf. Natürlich hat er Hemmungen, wenn er Hölderlin trifft oder Kleist. Vor Kleist hat er fast so viel Angst wie vor einem Lebendigen. Vor Kafka hat er sowohl Angst als auch keine Angst. Vor Hölderlin hat er keine Angst, nur Hemmungen. Hölderlin fragte ihn neulich nach seinem Beruf, unverlegen sagte er: Optiker.

Ja, Friedrich, wir brauchen Heroen zur Übung des Sinns und als Reiz, dass wir nicht bleiben, was wir sind.

Dass man sich verlöre in einer Geschichte, nicht mehr herausfände! Aber wenigstens darstellen, dass man sich niemals verliert. Diese ungeheure Vorsicht jeden Tag, ein Leben lang. Immer mit angehaltenem Atem. Vielleicht wäre überhaupt nichts, wenn man sich nicht so zusammennähme. Man stürzte einfach durchs Leere.

Gäbe es noch den Beruf, Botschaften weit zu tragen, und käme es darauf an, Botschaften rein im Kopf zu behalten – das wäre der Beruf für mich.

Manchmal möchte Meßmer jedes Wort in Messing fassen, es dürfte gebraucht werden nur am Spätnachmittag und sollte passen zu einem Steinfußboden, der immer ein bisschen zu kühl ist.

An Samstagen hat man zweifellos gelebt.

In der Loge der Dämmerung, kühnheitslos, aufgegeben. Ein Bein bestätigt das andere. Ich tose vor Begeisterung, Stille. Zum Glück bellt ein Hund den Schmerz heraus, den ihm der Abend macht, weil seine Leute ihn verlassen haben.

Musik demütigt am schönsten. Ich kauere unter Tönen in der Kirche der Zeit. Gedanken wie Tränen. Neunzehntes Jahrhundert heißt das Meer, in dem ich ende.

Wir kennen die Trauer des Jahres 1900 besser als unsere eigene. Nur dass wir verlassen sind, spüren wir. Aber nicht, wovon.

Wenn man in die dunklen holländischen Orte einfährt, glaubt man, es sei 1908. Der Schaffner pfeift fröhlich

wie ein Vogel. Das klingt komisch im Abendschnee-
nebel.

Auch stell ich mir gern vor, ich sei ein Klavier, das
einem gehört, der gestorben ist. Wer trinkt noch
Wasser mit der liedhaften Wonne des neunzehnten
Jahrhunderts? Wer fletscht nicht vor Wut und Eile?
Ich möchte jemanden in den Nacken küssen, der gemalt hat. Feuerbach. Meinen Augen fehlt das Licht,
meinen Lippen das Jahrhundert. Ich könnte mich
transportieren lassen nach Tokio und Manhattan. Aus
Versäumnissen näh' ich meinen Vorteil. Ich will ge-
nießen, was ich entbehre. Wenn ich sterbe, ist nichts
beglichen. Mich überlebt, die ich angehäuft habe mit
immer verlegenerem Grinsen, die Schuld. Falls etwas
unerklärlich Furchtbares passiert, ist es die Tilgung
meiner Schuld. Das sage ich, damit ihr nicht auf falsche Gedanken kommt. Nicht, dass noch ein Problem
entsteht. Die Rechnung soll aufgehen, restlos. Wie ein
Blatt bei unzähligen Blättern will man gelandet sein.
Darauf der Vermerk: Alles bezahlt.

Aber sonst. Was ist denn noch? Nichts Politisches
übrig. Ein Satz vielleicht. Nicht auszusprechen. Weil
er dadurch falsch würde. Er darf sich nur an mich
richten.

Da viele, älter werdend, mehr verschweigen können als vorher, kann man von einer Fähigkeit sprechen.

Es gibt keine Feinde mehr. Nur noch Aggressionen, ins Leere gerichtet. Verfluchungen, die ein Ungläubiger ausstößt, sind lächerlich. Wenn alles nichts ist, hält man, bitte, den Mund. Wenn man ihn aufmacht, muss man zugeben, dass man sich Illusionen macht, dass man etwas glaubt. Die erste religiöse Entwicklung gipfelte in dem Satz, man solle seine Feinde lieben. Die zweite religiöse Entwicklung, die sich nicht mehr *religiös* nennen wird, könnte mit dem Satz anfangen: Es gibt keine Feinde mehr.

Zuerst haben die Menschen Gott geschaffen. Diese Schöpfungsgeschichte erzählen. Bis zu der Zeit, in der die Menschen nicht mehr wissen, dass sie es waren, die Gott geschaffen haben, und anfangen nachzudenken, ob Gott sei, was Gott sei usw.

Im Winter hält sich Gott mit Vorliebe auf, wo ich bin. Auch der Wind hat im Winter gern zu tun mit mir. Natürlich flieht mich auch viel im Winter. Dann bin ich also mit Gott allein und ununterscheidbar von ihm. Sag ich, er sei mein Pseudonym, sagt er: Namen sind Abfall. Ich liebe das haltlose Reden mit ihm.

Mein Bart steht dir gut, sage ich und greife an mein
nacktes Kinn.

Gott ist die Höhle in jedem, in der die Dunkelheit
Platz hat, die zu uns gehört. Denkt Meßmer.

Von überall her die Einladung zur Illusion. Die Grille
zirpt, als gehöre man dazu.

Wärme liegt auf mir und wiegt.

Tief hinab in die Steppe. Sie reiten. Es hüpft der
Horizont. Später wiegt er sich. Sie durchbrechen die
fernste Linie. Bevor sie noch ausgeschnauft haben,
reißt der nächste Horizont den Blick hin. Schwindel.
Die Haut siedet Bläschen. Weiter. Hier möchten sie
nicht gestorben sein! Weiter! Sie baden doch nicht
zweimal im selben Schmerz.

Am liebsten gliche man dem Stein, der in großer Höhe
verwittert.

Meßmer geht gern bergauf. Wenn er bergab geht,
fürchtet er, zu komisch auszusehen.

Meßmer wendet sich noch einmal an ein blondes Mädchen, das einen großen roten Koffer den Bahnsteig entlangträgt.

Ich fahre Zug im Vorfrühlingsland und lasse mich überreden: denkt Meßmer.

Im warmen Schatten sitzend, kann er nicht sorgen. Der Herbst und so weiter, unvorstellbar. Ihm tut nichts weh. Nicht einmal, was er weiß, spürt er. Die Vögel schreien, er versteht nichts.

Der blaue Augusthimmel mit ein paar fetten Weißwolken über dem runden breiten schweren Baumgrün. Eine satte Sache. Um halb zwei. Und da durch dieses Licht keine Maden kriechen, meint man wunder was.

Mit geschlossenen Augen schau ich auf die Uhr und schlürf aus allen Gläsern Langeweile.

Ich bin ein Hase, weißt du, in der Furche, und gramvoll und geduckt warte ich auf den ersten Schuss, dann renne ich los und sehe noch die purzelnde Welt, die sich überschlagenden Jäger.

Wir haben im August vom Herbst geredet. Jetzt, da er da ist, schauen wir ihm eher schweigend zu.

Wie immer macht das Leben nicht allen gleich viel Freude. Denkt Meßmer.

Wäre es so schlimm, wenn die Bäume uns überlebten? Denkt Meßmer.

So langsam, wie der Mond aufgeht, möchte man hinter den Hügeln versinken.

In den Ohren dröhnt das Leben. Die Vögel klagen über Kälte. Mir scheint die Sonne auf die Hand.

Die Sonntage, an denen man nur von Bekanntem redete. Nur das Letzte musste gesagt werden, alles andere war allen bekannt. So entstand Ruhe vor geschindelten Häusern und nicht endender Sonnenschein in Dörfern, die nicht überlebten.

Tannen hatte er gern. Sie kamen ihm schwer vor, waren dunkel, meistens still, und hatten Bäuche.

Es findet deine Kälte zum Fieber zusammen. Im Kopf sind die grellen Drähte gespannt, auf denen getanzt wird. Bald schneit's Lyrik.

Schlimm, dieser Singwunsch. Dieses Maulaufreißen und Stummbleiben. Du bist verwünscht. Wer war's?

Bleib mir nah, mein Horizont sinkt, Geigenstriche verglimmen, ich gürte mich mit Opern für die Nacht und lass mein Rufen zu mir kommen.

Hat die Leere doch einen Ton? Der Wind beschäftigt die Bäume. Dich spannt die Zeit.

Ich will den Ton hervorbringen, der durch mein Leben entsteht.

Was er soll, ist, aus Mangel an Not, nicht bestimmt. Er schwankt an Ort und Stelle. Er ist ein angebundenes Tier, das so tut, als möchte es frei sein, während es mit Genuss die Gefangenenkost frisst.

Mindestens ein Vogel auf geheiztem Ast will er sein, ganz geschützt und frei.

Ruhend, allem gegenüber, und heiter lebt er hier, ein Verbraucher wie wenige. Er ist Spitze. Die Pyramide trägt ihn.

Warum nicht den Vorwurf auf sich sitzenlassen? Ich habe den Vorwurf auf mir sitzenlassen. Das wäre ein stolzer Satz.

Beim Subtrahieren muss er immer den Atem anhalten, bis das Ergebnis dasteht, sonst kommt er draus. Beim Addieren kann er weiteratmen.

Die gelitten haben, sind tot. Wir schnuppern in den Düften des Leids. Denkt Meßmer.

Wir sind etwas Polterndes, aber auch Zirpendes, das durch den Schnee stiebt.

Gerufen, wüsste ich, was ich will. Denkt Meßmer.

Wär ich ein Teil, gehörte dazu, ruhte bestimmt.

Ich möchte sein wie ein Wunsch. Auf der Schwelle möchte ich stehen. Ein Tag sein vor seinem Anbruch. Noch nicht gewesen sein möchte ich.

So hängen wir zusammen, dass wir nicht genug hören können, wie uns ein anderer vermisst. Jeder möchte der Vermissteste sein.

Jeder eine Galaxie, in der es schreit.

Warum nehmen wir uns nicht an den Händen und schreien?

Leidend tun wir mehr als die Handelnden, wir tragen die Welt.

Schreien ist sinnlos. Schweigen schwer. Lachen lernen auf eine ansteckende Art.

Aias, komm aus dem Schatten. Sag mir etwas. Dein Urteil interessiert mich am meisten.

Man streckt seine Ohren über die Menschheit hinaus. Ich höre den Wind, die Zeit, sonst nichts. Vielleicht bin ich versunken, mein Mund ist vielleicht voll von Fischen, die zielen.

Mehr Wagnis als Verlust. Das Leben gehört zu uns. Der Tod nicht. Holz, eine Tracht. Siege, Gewohnheit. In Scharen kapitulieren die Rätsel. Das Heilige in die Vitrine. Kein Fluss unüberquert. Jetzt warten wir auf die langsame Seele.

Alles will geweiht sein durch Freude, es geht auch Schmerz. Tränen sind eine Antwort auf Lauch, Liebe, Eile des Lebens. Ich bin verschuldet. Vom Versäumen roh. Ich hätte Grund, gut zu sein. Ich weiß es nur zu spät.

So leicht an der Decke zu hängen. Beschäftigt mit dem Entwerfen erträglicher Handlungen. Es muss nur etwas bevorstehen, was man fürchtet, nicht ertragen zu können, dann entwirft man von selbst das Erträgliche.

Von seinem 54. bis zu seinem 63. Lebensjahr sitzt Tassilo Herbert Meßmer ruhig in einem Zimmer. Außer den Jahreszeiten bemerkt er nichts. Dann stirbt er. Plötzlich. Seine bis zur Todesstunde geübte Lebensweise verhindert, dass er vermisst wird. Das ist sein Ziel. Ganze Tage verbringt er gähnend. Er wagt nicht, am Tag zu schlafen. Das käme ihm lasterhaft vor. Und niemals findet er Anlass, einem anderen Menschen einen Vorwurf zu machen.

Er kann sich nicht sattsehen an den Gesichtern im Bus. Er könnte endlos fahren, glaubt er. Obwohl er zuschaut, fühlt Meßmer sich aufgenommen in eine Gruppe, einen Verband.

Er neigt, glaubt er, dazu, Leute lieber zu mögen als sie ihn.

Wenn man Kraft hat, wirft man eine Decke über alles. Meint Meßmer.

Ich habe eine Linie gezogen, und es wurde ein Kreis.

Der Wind tut mythisch. Mir gelingt es nicht, ihn unübersetzbar zu finden. Wo ich hinschau, schließt sich die Linie und heißt etwas.

Mir nicht die Füße binden. Wovon noch oft gesprochen wird. Lang hat am Abend das Hoffen ein Thema ergeben.

Es ist still im Haus. Seit langem liegen zwei Mark auf dem Tisch. Der Regen prasselt, als wolle er jemanden wecken. Wir könnten tot sein. Das Telephon gäbe nach. Es wäre wie jetzt.

Ich möchte meine Arbeit auf harmlose Weise tun. Möglichst wenig schädlich zu sein, das wäre jetzt mein Stolz.

Meine Augen verbrauchen. Keinem sagen, dass ich auf Leere gestoßen bin. Ein Einzelner sein, der keinen erschreckt. Kindern aus dem Weg gehen.

Am liebsten würde er Tiere versorgen, am liebsten unsterbliche. Er muss sie noch züchten. Die Versuche, die vielversprechenden, haben begonnen.

Wir fahren gleich ab und lassen Brook Road eingehen in den Schmerzstoff, den wir hätscheln. Abschied ist gewöhnlich. Wenn aber der Wind noch aufwacht

und die verbrauchte Stirne kühlt, hat der Abschied
Leben.

Wir schießen durch den grauen Tag, die Erde rast vorbei mit schwarzen Flecken. Der Schnee wird eins. Ich
möchte eine Ruhe haben, die dem Transport gewachsen ist.

Wenn ich meine Mütze aufsetze, bin ich, denkt Meßmer.

Meßmers Reisen

I

Phantasie ist Erfahrung.

Ein Vogel pfeift einem Hund.

Einer, der noch liebte, wäre sofort der Größte.

Nirgends halten, gar bleiben.
Rasend weitertasten.
Aber auf Blütenblätter deinen Namen schreiben.

Ich bin auch freundlich. Und glaube gleich, ich sei's nur vorerst.

Wir feiern die Folge wie einen Sinn.

Wenn man etwas so vorsichtig anfangen würde, wie man ist, würde man es gar nicht anfangen.

Jetzt möchte ich wie der Seemann, bevor er ausfährt, Frieden schließen mit kommenden Stürmen. Meine Wohlgesonnenheit kennt wieder einmal keine Grenzen.

Solange man noch unglücklich sein kann, kann man auch noch glücklich sein.

Meßmer prahlend: Ich tu gern, was meine Freunde von mir erwarten. Da ich nicht alles tun kann, kann ich nur befreundet sein mit solchen, die von mir erwarten, was ich tun kann.

Zuletzt versucht man doch noch – wenn auch jetzt mit nicht mehr ausreichenden Kräften –, was man immer verschmähte: etwas Wunderbares zustande zu bringen.

Ich brauch keine Rätsel. Lieber ehr' ich Bekanntes.

Es ist mir feierlich, nur weil ich lebe. Am liebsten ließe ich nichts vorkommen als den Wald.

Hör ich den Wind mir sagen, die Welt sei ganz hohl.

Dieser Tag will nichts als glänzen, die Bäume geben
sich in Gold, nichts mehr ist verwunschen, durchsichtig sind wir, jeder seine Allegorie.

Jedes Jahr mahnt die Ostergeschichte alle Geschich-
tenmacher, sich nicht mit sich selber zufriedenzuge-
ben, sondern in jeder Geschichte das Äußerste anzu-
streben. Warum tun wir es nicht? Wir verschieben es
immer auf die nächste Geschichte. Bis es keine nächste
mehr gibt. Es ist höchste Zeit.

Ich würde nicht atmen, wenn ich nicht müsste.

Der Regen strickt diesem Tag mit leisen Nadeln ein
graues Kleid.

Gehen wie etwas, das sich nicht kennt. Wenn dir
nichts weh tut, gibt es dich nicht. Bleib dir fremd.

Setz dir den Hut auf wie einem anderen. Lüg dich an.

Die Klage entspricht der Pracht des Augenblicks. Der Jubelnde versäumt.

Mein Körper weiß nichts von mir, ich von ihm nichts. Selten treffen wir uns. Nur wenn es einem von uns sehr gut geht oder sehr schlecht.

Tatsächlich ist die Identität am wenigsten problematisch beim Geschlechtsverkehr.

Scheintot ist nicht sein Fall, aber scheinlebendig.

Der Sprecher des Ausgebrochenen. Er muss alles darstellen bis zur Verständlichkeit. Das nimmt ihn mit. Er gehört dann zu denen, denen er verständlich sein muss. Aber am Ende spielt er mit einer Pistole. Aber er spielt.

Lass uns unters Wasser ziehen, wohnen in Algenstädten, auftauchen nur nachts.

Vergessensleistungen sind verlangt zur Fortsetzung des Lebens.

Ich sitze die Zeit ab in immer schnelleren Zügen.

Alles Gute. Und lass dich wieder mal sehen bei uns. Vielen Dank für deinen Besuch. Ich geh schon mal raus. Man hört direkt, wie froh der Mann ist, dass er gehen kann.

Zwei kleine Buben traben am Gangfenster vorbei, als wären sie auf einem Langlauf.

Die Frau hört dem jungen Bauhistoriker zu. Der redet dringlich auf sie ein. Er korrigiert andauernd Kapazitäten. Was die über römische Bauten in Dormagen, Xanten, Köln und Bonn verzapfen, ohne gesicherte Erkenntnisse, denn zwischen Zweihundertundsoundsoviel und Dreihundertachtundneunzig haben wir ja in Xanten überhaupt keine Reizschwellenhäuser. Die junge Frau: Ich muss ehrlich sagen, der Gebrauch, den die Gebildeten von ihrer Bildung machen, ist oft vernichtend.

Der Raucher ist ein Kettenraucher. Er könnte eine an der anderen anzünden, aber er schaltet jedes Mal das Feuerzeug dazwischen.

Husum ist weit, das hätte ich wissen müssen.

Wie weit muss man fahren, um fort zu sein?

Die Welt ist eine Entfernungsmöglichkeit.

Die Herren in der Ersten müssen meistens arbeiten, sonst können sie sich die Erste nicht leisten.

Die Angst der Versorgten ist größer als die Angst der Unversorgten.

In der Wirtschaft gibt es burden sharing.

Leute, die Macht haben, können sie schon dadurch ausüben, dass sie einen, über den sie Macht haben, warten lassen. Sie können ein Urteil ausdrücken durch nichts als Zeitverstreichenlassen. Sie versäumen es über Gebühr, einer Erwartung zu entsprechen, das genügt. Dann foltert sich der Ohnmächtige schon selbst. Das Tolle: Die Mächtigen wissen wahrscheinlich wirklich nicht, was sie tun. Das ist der Inbegriff der Macht, dass sie von sich selbst, auch wenn sie sich genießt, keinen Begriff hat.

Macht durch Lüge. Wenn man z. B. weniger zu wissen vorgibt, als man weiß. Das kann den anderen schon fast ausliefern.

Je mehr Macht jemand hat, desto weniger hat er zu verbergen, er kann sich «Wahrheit» leisten. Für den Unterlegenen ist es nicht nur eine Notwendigkeit, sondern auch eine Lust, dem Mächtigen etwas zu verbergen. Die Lüge wird von oben zur Sünde erklärt, um von den Beherrschten alles zu erfahren. Die moralische Berechtigung der krassen Lüge. Je verlogener, desto besser. Die Lüge ist die Macht des Ohnmächtigen.

Ich gestehe: Am liebsten sind mir Lügner, die mir zuliebe lügen.

Wer dich betrügt, ist wenigstens interessiert an dir.

Wenn man viel hat, glaubt man, mit wenig auskommen zu können. Die Illusion der Reichen. Man muss die fragen, die wenig haben. Nur die wissen, wie viel man braucht.

Solange man Geld verdienen muss, muss man sich beleidigen lassen. Das muss jeder.

Unwichtig ist man für einen anderen, es sei denn, der braucht einen gerade. Wie unwichtig sind mir die anderen, es sei denn, ich brauche sie gerade. Habe ich mir die Liebe zu Männern abgewöhnt? Es hat diese Liebe keiner erwidert. Keiner.

Wohin sich wenden, wenn man wegmuss von sich?

Was willst du machen, wenn sich außer dir jeder für den Sohn Gottes hält.

Verkündigung. Tritt heute auf als Theorie. Der Auftritt im Namen von etwas, das mehr ist als man selbst. Sich aufplustern mit etwas, das mehr ist als man selbst. Wettbewerb im Sichaufplustern. Wenn schon Größe, dann im Kleinsein.

Transzendenz, die wirkliche Erbsünde. Säkularisiert tritt sie auf als Universalismus.

Die Geringfügigkeit unserer eigenen Erfahrung führt manche dazu, sich universalistisch zu geben. Je beschränkter unsere Erfahrung ist, desto allgemeiner wollen wir zuständig sein. Der Intellektuelle, besonders der vom Staat gehaltene, macht fast keine Erfahrungen mehr. Deshalb muss er religiös, das heißt welterlösend tendieren.

Die Gewissheitstonart ist die verlogenste. Wer sucht, der findet. Klopfet an, so wird euch aufgetan.

Dass Meßmer über seine Unvorbildlichkeit schweigt. Dass er nichts entwickelt gegen sich, obwohl er nicht mit sich einverstanden ist. Dass er ist wie alle anderen und doch anders angesehen werden will als alle anderen. Auch darin ist er wie alle.

Nichts Vorbildliches, Nachahmenswertes, überhaupt Nachahmbares. Das würde ihn von sich abbringen. Capito? Nichts, als was ihn er selber sein lässt. Das Gegenteil von Verkündigung. Entkündigung. Oder einfach: Kündigung.

Ihm war alles recht, außer er selbst.

Er leidet darunter, dass ein anderer ist wie er. Warum interessiert sich der für sich anstatt für ihn.

Wie er erstarrt, wenn jemand von sich spricht statt von ihm.

Anders als alle. Wie alle.

Ich muss die Luft anhalten, mich herunterstimmen, das Schlimmste für möglich halten. Ich halte das Schlimmste nicht für möglich. Der alte Fehler.

Reagan lässt Tripolis bombardieren. Von England aus gestartete Flugzeuge. 70 Tote. Man hat Reagan mit seiner Gattin ins Flugzeug steigen sehen, das ihn ins Wochenendquartier Camp David fliegen sollte. Da hatte er den Befehl schon gegeben. Er schon in Jeans.

Die Decke, die wir über das Grauen werfen, ist hauchdünn.

Mehr Erfahrung, als auf einen Standpunkt geht, macht man schnell.

Glaub mir, es hat zu meiner Zeit nicht mehr viel zu tun gegeben. Glaub mir nicht.

In mir gibt es keine Einigung. Sobald in mir eine Meinung auf sich aufmerksam macht, leuchtet in mir ihr Gegenteil auf. Es ist wie Notwehr.

Wenn man seinen Weg wüsste wie das Wasser. Aber wie der Wind weiche ich aus.

Ich vertue die Zeit, die meine Zeit gewesen sein wird. Aber erst wenn sie vorbei ist, wird sie das gewesen sein.

Wie erschöpfte Vergleiche kommen die Frauen und Männer aus dem Kaufhaus heraus. Die Farben lügen. Der Wind ist gekauft.

Der geradezu jubelnde Zugriff, sprachlich, wenn es um Genauigkeit beziehungsweise Ausdruck geht.

Dich in die Luft werfen, dich drehen in der Luft, seidenweich landen im reinen Gesang.

In der Oststraße um halb zwei ein zirka Siebenjäh-
riger zu zwei anderen Siebenjährigen, alle drei mit
Schulranzen: Ich geh' nich' in Arbeit, da gehsse in
Arbeit dann kratzte ab.

Diese Woche wird verschenkt, die nächste wird ver-
tan, die übernächste wird verkauft. Wenn sie jemand
haben will.

Er hat keine Skrupel. Vor allem: Er weiß nicht, dass
er keine hat.

Das war ihm dann auch im Theater aufgefallen, dass
er für die auf der Bühne verurteilten Figuren mehr
Sympathie empfand als für die wirklichen Helden,
die Fabelhaften, die schlechthin Bevorzugten. Zu den
Verurteilten zu gehören ist kein Vergnügen. Man hält
es nur aus, weil es andere gibt, denen es ähnlich geht.
Aber so sicher weiß man das nicht. Es gibt wenig bis
keine Verständigung. Über nichts kann man sich so
wenig verständigen wie über das Schlechte, Böse,
Üble, Verurteilte. Nur die Guten sitzen an den run-
desten Tischen und zählen einander ihre Unanfecht-
barkeiten auf oder lassen sie sich von anderen aufzählen. Die Guten veranstalten Kongresse zur Feier
ihres Gutseins.

Fortschreitender Stillstand.

Diese Müdigkeit hat mit jener, die sich nach Schlaf sehnt, nichts zu tun.

Die täglichen Schläge, zähl sie nicht. Schmier Schweigen auf die schmerzenden Stellen. Gönn der Gemeinheit keinen Namen.

Übertrieben alles, was sich nicht auf den Tod bezieht; was den angeht, kann man nur untertreiben.

Jeder Lebende ist wichtiger als jeder Tote. Die ungeheure Überlegenheit des Lebenden über Tote wird nur dadurch, dass der Lebende ein zukünftiger Toter ist, etwas eingeschränkt.

Nichts zu haben selber, das einen ausmachte, unverwechselbar, also beschenkt mit Notwendigkeit: Das ist immer mein Befund, dem ich, aber unüberzeugt, zum Zeitvertreib widerspreche.

Die Entschlossenheit Entgegenkommender dreht mich förmlich um.

Im 2. Stock, rote Stahltüren in vier Richtungen. Ich nehme die Stahltür B. Im Gang dahinter soll die Abteilung untergebracht sein. Die vorletzte Tür rechts, meine Tür. Die vorvorletzte die des Chefs. Links die Seminarräume. Alle Türen petroleumfarben. Die Rahmen schwarz. Wände und Boden senffarben, ein bisschen gesprenkelt. Vier senffarbene Säulen deutlich links von der Mittellinie des Gangs. Der Professor ist de Sade-Forscher. Da in den deutschen KZs ohne Lust gequält worden sei, lässt er die Quäler nicht als Sadisten gelten. Das seien lächerliche Kleinbürger gewesen. Er ist schlechthin antibieder. Wir ficken uns, aber wir lieben uns nicht. Sagt er.

Keine Fähigkeit mehr, das zu glauben, was du selber sagst. Mit einer Müdigkeit sondergleichen gehst du auf den Hörsaal zu. Schon wenn du das Hotel verlässt, wird diese Schwere spürbar und nimmt dann rasch zu. Während der letzten Schritte vor der Hörsaaltür hast du das Gefühl, du schleiftest Blei hinter dir her. In den Beinen und im Gesicht spürst du die Lasten am meisten. Diese Empfindung produziert förmlich die Vorstellung von dem von Schritt zu Schritt leichter werdenden, alle Hindernisse sieghaft überstürmenden Professor.

Der Hörsaal biegt sich um einen herum. Man hat nie
den ganzen Saal im Blickfeld, muss sich drehen und
wenden, um alle zu sehen.

Je öfter ich den Kafkatext lese, desto mehr kann ich mit
ihm anfangen. Die Kraft, die ich in ihm durch Lesen
und Wiederlesen wecke, ist auch von mir abhängig. Zuerst war ich nur beeindruckt, beglückt von der Größe
Amalias. Wenn ich jetzt die Barnabas-Episode wieder
lese, gewinne ich aus Amalias Haltung eine Kraft, die
ich brauchen kann. Ohne die Amalia-Haltung käme
ich mir jetzt sehr vereinzelt vor, sogar verschroben.
Obwohl das Wichtigste des Amalia-Verlaufs die Ver-
einsamung ist, kann man sich, wenn auch in irdische-
ren Abmessungen, in einer Entwicklung, die auf Ver-
einzelung hinausläuft, durch Amalia bestätigt finden.
Amalia will nichts mehr wissen. Sie dient nicht mehr
mit Argumenten. Sie hat aufgehört, verständlich sein
zu wollen. Was auch immer ihr über mich denkt, sagt
sie (mir), es ist mir gleichgültig. Euer Meinen ist mir
gleichgültig. Olga leidet. Olga häuft Leid. Sie leidet
im Akkord. Möglichst viel pro Sekunde. Sie hofft, es
gebe ein allerhöchstes Lohnbüro, in dem abgerechnet
wird. Der höchsten Registratur entgehe nichts, hofft
sie. Dieses Schielen hat Amalia hinter sich. Sie ist frei.
So frei, wie man unter den Bedingungen der Negation
überhaupt sein kann. Noch gibt es keine anderen Bedingungen. Alle sozialen Bedingungen negieren. Die

besten Vorschläge für die Aufhebung dieser Bedingungen hat bis jetzt das Christentum gemacht. Und seine Folge: der Marxismus. Praxis nirgends. Ich habe lange genug– oder doch eine ganze Zeit lang – alles Mögliche erfahren und gebe zu, dass die herrschenden Bedingungen in mir die Amalia-Tendenz favorisieren. Man wehrt sich natürlich. Aber immer weniger. Liebe Studentinnen und Studenten.

Zwei Stahlträger gehen durch dein Büro. Die Gründe dafür liegen außerhalb deines Büros. Die zwei willkürlich wirkenden Stahlträger machen aus deinem Büro einen unempfindbaren Raum. Die Wände sind gelb gespritzte Stahlplatten. Die Schränke sind aus grauem Stahl. Der Boden PVC. Dann kommt der Professor herein, über den du überall geredet hast. Und der ist sofort nichts als gewinnend. Also hast du immer alles falsch empfunden. Aber du hast doch ein schlechtes Gewissen gehabt, wenn du über den Professor schlecht geredet hast. Aber jetzt hast du zum ersten Mal das Gefühl, du habest kein Wort zu viel gesagt. Du stehst auf, gibst dem Professor die Hand und sagst: Dies ist einer der schönsten Augenblicke in meinem Leben, ich freue mich mehr, als ich merken lassen darf, auf unsere Zusammenarbeit. Das triumphierende Aufblitzen in den Augen des Professors beweist dir, dass du richtig reagiert hast.

Müsste ich jetzt, um wahr zu sein, andauernd lachen?

Kandierte Ginger seien ein Aphrodisiakum, sagte der Professor. Dann nehme ich noch eins, sagte Meßmer.

Loben heißt, das, was man für einen empfindet, von dem trennen, was man gegen ihn hat.

Warum kann man nicht allen, die man hoch achtet, das gleich gut sagen? Manchen gönnt man einfach nicht, dass man sie so achtet.

Der Professor lässt Frauen auf sich urinieren. Der einzige Unterschied zwischen Männern, sagt er, sei: solche, die auf Frauen seichen wollen, und solche, die Frauen auf sich seichen lassen wollen. Meßmer spürte, dass es überhaupt nicht darauf ankam, solche Männer von solchen zu unterscheiden, der Professor musste etwas aussprechen, was Meßmer nie vor anderen aussprechen würde, und das wusste der Professor: Es ging nur darum, Meßmer spüren zu lassen, wie verklemmt beziehungsweise kleinbürgerlich er sei.

Er will jetzt keine Frau, aber er will, dass er eine will. Das will er so sehr, wie er vorher eine wollte. Die Sehnsucht nach dem Bedürfnis ist so heftig wie vorher die Sehnsucht nach der Frau.

Wen hast du gestern Abend am meisten verletzt? Den Professor. Also den Mächtigsten. Also den, der die schönste Frau hat.

Die Frau des Professors hat den langsamsten Blick der Welt. Die lässt sich so viel Zeit, wenn sie einen anschaut. Dass ein Blick langsam sein kann, das hat man, bevor man von dieser Frau angesehen wurde, nicht gewusst. Und Ihre Frau ist also Artistin, sagte sie so langsam, wie sie schaute. Tierärztin, sagte ich fast triumphierend. Aber dann erbarmte ich mich. Ich gestand, dass ich selber gelegentlich gesagt habe, sie sei Artistin, weil sie doch als Tierärztin fast ausschließlich für die Tiere des *Zirkus Krone* arbeite, und diese Tiere seien ja alle ausnahmslos Artisten. Warum dann nicht auch deren Ärztin. Ich lächelte, hoffe ich, liebenswürdig. Und Ihre drei Söhne, sagte sie. Ja, sagte ich, der älteste wollte Sängerin werden, sah, dass er das als Mann nicht werden konnte, also ließ er sich in Hongkong zur Frau machen. Und?, fragte sie. Er hat, sagte ich, Deutschland vor zwei Jahren beim Grand Prix der Eurovision vertreten. Toll, sagte sie. Ja, sagte ich, ich bin sehr stolz auf ihn. Auf sie, sagte sie. Stimmt, sagte ich. Immerhin fragte sie jetzt nicht, was aus den anderen zwei Buben geworden sei.

Wie eine Frau verliert, wenn sie einen ganz bestimmten Mann hat. Zu dieser Frau kann man sich dann überhaupt keinen Mann denken. Außer sich selbst.

Ein Ehepaar, das über einander nie schimpft, ist unglaubhaft.

Soll eine Frau, auch wenn ihr nicht danach ist, so tun, als wolle sie um ihretwillen ihren Mann verführen? Sklavenleistung. Die Ehe als eintöniges Bordell.

Man nimmt anderen übel, dass man zu viel Unsinn geredet hat.

Wenn ich es wirklich eilig habe, benutze ich den Aufzug auch dann nicht, wenn ich damit schneller dahin käme, wo ich hinwill.

Den Wunsch, am Kiosk Pornographie zu kaufen, kann ich mir wieder nicht erfüllen.

Das Geschlechtsteil der Frau ist das Einzige, das nichts eingebüßt hat von seinem Reiz, seiner Gewalt.

Also gut, das Leben ist eine Wunde, die sich nicht schließen will als durch den Tod. Akzeptiert. Trotzdem dient jede Sekunde nur der Schmerzlinderung. Wundenschließung bei Lebzeiten, das ist die Utopie. Eine Empfindung, die kein Schmerz wäre. Oremus.

Ich bin fast außer mir. Auf jeden Fall kann ich nichts anfangen mit mir. Ein fremder Kerl fährt zu einem mir bekannten Ziel und Zweck. Außer diesem Ziel und Zweck haben wir nichts mit einander gemein.

Dass jemand anders ist, als er zu sein scheint. Dass er sich verstellen muss. Und das aus gutem Grund. So dass die Verstellung verständlich ist, ihm nicht vorgeworfen werden kann.

Soll er zu Prinzessin Pygmäenbauch fahren oder zu Elfe-die-Gans? Eine Scheinfrage. Natürlich fährt er zu Elfe-die-Gans. Aber vorher muss er noch wen oder was töten. Und sei's nur die Fliege Surr. Kurz vor dem Einschlafen nieste er noch. Oder schlief er da schon und träumte, er niese und die Bettdecke und die Zimmerdecke höben sich von der Kraft seines Niesens und senkten sich danach rascher, als sie sich gehoben hatten, sie fielen geradezu zurück auf ihren Ausgangspunkt. Das musste er schon geträumt haben. Er konnte sich einfach nicht mehr daran erinnern, wann er das letzte Mal geniest hatte. Wer kann das schon. Er sagte sich, als er, wieder wach, darüber nachdachte, dass ein Mensch, der ja bald sterben würde, die ihm noch verbleibende Zeit am besten mit solchen Überlegungen verbringe. Etwas Angemesseneres für eine verbleibende Zeit konnte er sich nicht denken. Er fühlte sich jetzt geradezu glücklich, weil er spürte, dass er wieder einmal das einzig Richtige getan hatte: Er hatte überlegt, ob er zu Prinzessin Pygmäenbauch oder zu Elfe-die-Gans fahren oder die Fliege Surr töten oder darüber nachdenken sollte, wann er das letzte Mal geniest habe. Das hatte ihn schon wieder ein bisschen ermüdet. Er wusste, wenn er jetzt noch so lebhaft wie möglich an das Blatt denken würde, das er gestern in sich immer wieder auffangenden, geradezu wippenden Bewegungen, also gewissermaßen schaukelnd von einem Baum zu Boden hatte fallen sehen, dann würde ihn das, weil die Lebhaftigkeit seiner Vorstellung ihm das Kinn bis zur Nachzeichnung der immer neuen Wendungen des fallenden Blattes bewegen würde, so schön ermüden, dass mit einem baldigen Einschlafen gerechnet werden konnte. Er durfte nur nicht zulassen, in den immer wieder wippenden und sich auffangenden Bewegungen des

Blattes ein Drama zu sehen, etwa das Sichweigern, zu fallen und zu verfaulen. Schon lieber Dösen. Pygmäenbauch, Elfe-die-Gans, Niesen, Dösen. Dösen, das war's überhaupt. Dass man, wenn man schon das Richtige gefunden hat, immer noch etwas Richtigeres findet.

Will denn mein Glück kein Ende nehmen?, dachte er. Mehr musste er, um ein weiteres Mal einschlafen zu können, nicht denken.

Sie ruft noch einmal an. Hingefahren. Die wie mit Steinen erzeugten Kehltöne. Als geschehe eine fürchterliche Überanstrengung. Aber darum kann es sich nicht handeln. So klein wie biegsam. Schaut zwischen ihren Beinen durch. So hoch nimmt sie sie, wenn sie ihm liegt. Sie liest in diesem Semester über Jugendprobleme in pädagogischer Sicht.

Sie hat versucht, ihn zu erreichen. Sie zappelt. Er macht ein paar Bewegungen. Sie will am Dienstagnachmittag am Telephon bleiben. Nicht aufs Klo gehen. Das ist die Krankheit. Abhängigkeit.

Du riechst doch so viel besser als alles, was du rauchst.
Und er rauchte nie mehr. Vorher hat er es in jahrelangen Kämpfen nie geschafft, das Rauchen aufzugeben.

Sie fährt seine Umrisse im Abstand der Epithelbehaarung nach.

Nachher war er froh, dass er jetzt eine Zeit lang unbehelligt von dieser Biopflicht planen und denken konnte. Rasch, rasch etwas getan, bevor schon wieder aus den Marken des Leibes die Befehle zum dümmsten Dienst der Welt donnern.

Der Blinde beugt sich vor, wenn er sich auf die Bank setzen will, und stößt mit dem Kopf gegen den niedrig hängenden Lampenschirm. Die Frau ist unterwegs zu den Garderobehaken, um ihre Jacke aufzuhängen. Der Mann meint, sie habe sich schon gesetzt, und spricht zu ihrem Platz hin. Das sieht sie, als sie auf dem Weg zum Tisch ist. Sie beeilt sich nicht, noch etwas von dem zu hören, was er leise zu dem leeren Stuhl hin sagt. Sie nimmt, sobald sie sitzt, seine Hand. Der Blinde ist natürlich auch einarmig. Man sieht ihm, sobald er mit der lebhaften Frau spricht, nicht mehr an, dass er blind ist. Wenn seine Frau spricht, schaut er sie immer an, sozusagen.

Die meisten leiden ohne Gewinn.

Eine junge blonde Frau, die mit großen Schritten ihren schwarzen Mantel bauschte.

Nicht, ob die Türken oder die Schweden uns leben lassen oder ob wir bei Stalingrad fallen oder bei Tobruk, sondern mit wem wir den Abend verbringen, die Nacht – das ist unsere Lebensfrage.

Schön, wenn man beim Ficken zu zweit ist.

Frauen konnten von ihm erwarten, dass er sich auf jede einstellte. Es ist keine Kunst, an jeden Menschen so zu denken, als gebe es nur ihn und sonst keinen auf der Welt. Jeder Mensch ist faszinierend. Von Frauen fasziniert zu sein ist für ihn schön. Jede ist einzig. Unvergleichlich. Er kann jede ganz lieben. Wenn überhaupt, dann ganz. Er könnte mit jeder sein Leben verbringen. Schade, dass er nur eins hat.

Du bist so zynisch, sagte der Junge am Nebentisch zu dem Mädchen. Als sie ihn darauf nur hart musterte, sagte er, um Verzeihung bittend: Das war jetzt der Wein.

Einer mit Glatze, blaurotem Gesicht, der seinen Koffer so über den Bahnsteig reißt und Bewegungen mit solcher Hast exekutiert, dass nur Todesangst als Motiv in Frage kommen darf. So reißt er auch die Fenster auf im Abteil. Er ist so gerannt, weil er der Erste sein wollte im Abteil. Es tut ihm förmlich weh, dass ich ihn das Abteil nicht allein haben lasse. Und eben deshalb setz' ich mich zu ihm ins Abteil. Er bricht genau so auf, wie er hereingekommen ist. Er steckt das Buch rechtzeitig in die Tasche, bringt die Tasche dann aber nicht zu, drückt wie verzweifelt gegen die Schlösser, holt dann erbittert den Koffer herunter, das wirkt, als wüte er oder sei auf der Flucht; dass er dann, als er geht, im letzten Augenblick noch stehen bleibt und zu mir Auf Wiedersehen sagt, überrascht mich, und noch mehr beschämt es mich. Es war also alles ganz anders.

Grünspanige Hohenzollern reiten auf der Brücke über den Rhein.

Der verspätete Schnellzug fährt so langsam, als müsse er jederzeit vor einem entgegenkommenden Schnellzug stoppen können.

Nur noch mitschreiben kann ich. Ein Fahrtenschreiber bin ich, mehr nicht.

Leben als Beruf. Huren, Schriftsteller und, falls sie es ernst nehmen, Pfarrer.

Je weniger er mit der gegründeten Religion anfangen konnte, desto mehr imponierten ihm Betende.

> Lass doch anderen ihren Gott.
> Grüße ihren Gott.
> Oder sag, sie sollen ihn grüßen.

Keiner, mit dem man ins Gespräch kommt, sagt etwas Erlösendes. Komisch, dass man das ununterbrochen und unbelehrbar, also kindisch, von anderen erwartet, obwohl man selber andauernd unfähig ist, anderen etwas Erlösendes zu sagen. Angesichts dieser allseitigen Unfähigkeit gibt es nur ein Mittel zum Frieden: keinen Kontakt mehr. Friedhofsfrieden ist der beste.

Wenn man schon hört, dass einer etwas getan hat für einen anderen, dann hat er es für sich getan. Dann hat niemand mehr für sich getan als Jesus. Er hat für andere nur etwas getan, wenn sie ihn für den Sohn Gottes hielten. Das war und ist sein Preis. Mehr hat noch nie jemand verlangt. Und bekommen. Jesus, das ist der Name für die genialste Kalkulation der Weltgeschichte. So far.

Jesus hätte keinen Glauben verlangen dürfen, dann wäre er der Jesus, der er sein wollte.

Ein Portrait Augusts des Starken könnte zeigen, auf was es uns ankommt; was wir tun, wenn wir tun können, was wir wollen.

Auf meiner Haut gedeiht keine Wärme.
Selbst die Sonne weckt in mir nur Eis.

Meine Uhr geht wieder vor. Da sie Tag und Datum zeigt, beendet sie den Dienstag kurz nach Mittag und behauptet, es sei schon Mittwoch. Utopie: eine Uhr erfinden, die rückwärtsgeht. Zu schreiben: das Sekundenbuch. Untertitel: Gewinnsel.

Die elektrische Lok macht beim Einschalten ein Geräusch wie eine fauchende Wildkatze.

Zur Dicken ins Abteil geraten. Sie baut aus ihrer Tasche eine Mahlzeit auf, lässt Fruchtsaftdosen knallen, Brote sich aus Papieren entblößen. Nachts schnarchte sie, weil sie Katarrh hat, immer bis zum Ersticken, dann, nach einem jeweils letzten Röcheln, wieder ruhigere

Atemzüge. Sobald sie wach war, hörte man aus ihrer Ecke das nasse Schlabbern der durch den Mund atmenden Erkälteten.

Fragen über Fragen. Warum bin ich so müde? Weil ich so interesselos bin? Oder bin ich so interesselos, weil ich so müde bin?

«Selbstmordforschung heute. Die Zahlen sprechen eine bittere Sprache.»

Das Stechen unter dem Rippenbogen gibt sich jetzt sehr gelinde. Wenn der Schmerz ganz verschwindet, willst du dann gefälligst glücklich sein?!

Wenn es einem schlecht geht, denkt man an das Leben. Wenn's einem gut geht, an den Tod. Die Waage.

Geh nur. Du kannst gehen. Sagt sie zu ihrem Mann mit fester Stimme. Er geht. Sie lebt unter einem Hut. Der große Dicke sagt immer wieder: Der Platz ist besetzt. Das hat er übernommen. Dass die Rentner im Gang auf Klappsitzchen kauern, darf ihn nicht kümmern. Er kann ja nicht zu dem, der in den Speisewagen geht,

sagen: Ich halt Ihnen den Platz frei!, und dann hält
er den Platz nicht frei. Wir sitzen eng um den freien
Platz herum. Die unterm Hut putzt ihre Nägel mit
einem langen Gerät. Dann öffnet sie vor uns allen eine
Orange.

Unterwegs weiß er oft nicht, fährt er hin oder zurück.

Mehr gefrühstückt als sonst. Wahrscheinlich, weil er
durch die DDR fährt.

Helmstedt 11/23 – Marienborn 11/33. «Der Zug hält
nur zum Aussteigen.»

Der DDR-Schaffner wirft Polen raus. Auf den nicht
hörbaren Einwand der Polen: Wir sind nicht in Polen,
wir sind in Deutschland, raus, raus, raus, mit der ganzen Bagasch, dawai, dawai, ich hab's Ihnen jesacht,
wir sin in Deutschland.

Der Zug fährt so langsam, als sollten wir besichtigen.
Draußen der Charme der Verwahrlosung. Die Lie-
benswürdigkeit des Nichterneuerten.

Auf die bis zum Horizont reichenden Felderebenen schauend, sinniert ein Reisender: Die Hasen sterben aus. Durch die großen Felder. Die Hasen brauchen den Rain.

Bei Magdeburg starren geborstene Schienen immer noch rostig in die Luft. Wir rumpeln an Magdeburg vorbei.

Das einzig Angenehme hier: Das Land gehört keinem Fürsten mehr. Aber wieder einer Macht.

Die westdeutschen Grenzpolizisten wirken im Vergleich mit ihren DDR-Kollegen wie Hobby-Angler.

Ein Mann kommt uns Herausströmenden mit einem Blumenstrauß entgegen. Offenbar hat er die, die er abholen will, schon entdeckt. Sein Gesicht ist eine einzige Verzerrung. Nur durch den Blumenstrauß wird diese Grimasse zu einem Ausdruck der Freude. Ein Messer in seiner Hand würde zu diesem Gesichtsausdruck genauso passen und ihn allerdings umwerten.

Ins Hotelzimmer kommen, sich in den nächsten Sessel fallen lassen, Beine ausstrecken, auf eine Stelle stieren. Die Bilder an der Wand beginnen zu kochen, weil sie nicht angeschaut werden. Bis Montag hierbleiben, dann ist der größere Teil des Honorars weg. Jeden Abend enttäuscht er die politischen Frager. Ich hätt mal direkt 'ne Frage ... Aber sie kriegen ihn nicht mehr zu fassen. Die wirkliche, die einzige Anstrengung an diesem Abend, die Anstrengung, die aber dann auch gleich mehr Kraft fordert, als ein Mensch haben kann: in der ersten Reihe ein Professor, der auch während des Vortrags nicht aufhörte, mit seiner Nachbarin zu lachen und zu reden. Du musstest immer und immer wieder hinschauen. Bis der dann aufhörte. Und du hast gesagt: Danke. Da stand der auf und verließ den Hörsaal. Und zwei Minuten später ging die junge, die sehr junge Frau auch. Und jetzt die äußerste Anstrengung: ihr nicht nachzuschauen.

Wenn alle gleichmäßig im Verkehrsstrom dahinfahren würden, könnte man sich daran wie an das Regengeräusch gewöhnen. Trotz der Ampeln. Aber immer wieder tritt einer aufs Gas, rast los, und jedes Mal tritt er mir sein Geräusch in den Bauch. Der Portier sagt, das hätte ich wissen müssen. Dann hätte ich eben gleich im Grunewald buchen sollen. Ihm sei's egal, er habe voll bis oben hin. Aber so 'ne Wankelmütigkeit sei eben nicht schön. Rin in die Kartoffel, raus aus die Kartoffel.

Vis-à-vis die Baugrube und der Kran. Die Maschinen pfeifen, es ächzt das Material.

Der junge, zudringliche, andauernd in verbaler Erektion auf mich einredende Assistent hatte als Hauptthema, dass ich nie ernsthaft widerspreche, alles entschuldige, mit allem irgendwie einverstanden sei. Das erbitterte ihn förmlich. Er sei, sagte er, links. Ich lehnte immer noch kühler ab, irgendetwas NICHT gut zu finden, irgendeinem Standpunkt zu widersprechen. Er merkte nicht, dass ich ihm dadurch andauernd widersprach. Er wollte ja, ich solle zu irgendetwas eine andere Meinung haben. Das lehnte ich ab. Dadurch hatte ich doch eine andere Meinung als er. Er merkte es nicht. Sauer war er und beleidigt, weil ich allem zustimmte, nur ihm nicht, der von mir verlangte, NICHT allem zuzustimmen.

Öffentlichkeit schmerzt. Vergleichbar dem Sonnenbrand.

Wenn man alles zusammennimmt, hat er mir viel weniger gesagt als ich ihm. Wieder einmal. Immer dasselbe Defizit in der Außenhandelsbilanz. Weil ich nicht warten kann. Weil es mir zu schnell peinlich ist, wenn keiner etwas sagt. Weil ich alles zu ausführlich beantworte. Weil ich glaube, ich sei verantwortlich für das Gespräch. So erfahre ich nie etwas.

Wenn einer dich umwirft in dem Augenblick, in dem du am schwächsten bist, zeigt er nur, dass er sich nicht stark genug fühlte, das zu probieren, als du noch stärker warst.

Ich kann mir meine Feinde nicht leisten. Wahrscheinlich bin ich gar nicht so feig, wie ich mir manchmal vorkomme.

Meßmers Utopie: Er stünde zwischen allen Wünschen und äße achtlos Zeug aus Silberpapier. So gesund wäre er, und nutzlos.

Die sind hier immer noch im Vokabularquirl Adorno.

Wenn jemand, der gerade einen augenöffnenden Diskussionsbeitrag liefert, seinen Kaugummi unter die Tischplatte klebt und ihn dort zurücklässt.

Einer, eine Art Riesenbaby, nach dem Vortrag, im Gang: Sie dramatisieren. Meßmer hätte sagen sollen: Stimmt. Er hätte sagen sollen, dass er die Zuhörer in dem ebenso überfüllten wie überheizten Raum am Wegwelken habe hindern wollen. Aber er sagte, weil der so breit berlinisch sprach: Jetzt sprech ich gleich auch Dialekt, vielleicht versteh ich Sie dann besser. Der: Warum sagen Sie das so? Sie hätten ja auch einfach sagen können: Sprechen Sie doch, bitte, hochdeutsch. Der hatte recht. Dann fragte der noch: Wie viel verdienen Sie so pro Monat? Das *so* klang polemisch. Das Weite suchen, dachte Meßmer. Und als er draußen war, war er fast glücklich. Dass die Sprache so etwas parat hat und es dir im richtigen Augenblick anbietet. Das Weite suchen. Wie oft muss es Menschen ergangen sein wie dir.

Soll man sich wehren? Nein. Niemanden überzeugen. Auch nicht sich. Ohne Überzeugung leben. Tastend, nicht sehend.

Ich sähe mich gern anders, als ich bin, werde aber dadurch nicht so, wie ich mich gern sähe.

Man nimmt, was man kriegt, und ist zufrieden. Man ist eine Erfahrungswaschanlage.

Wenn sie etwas fragen und schon bevor man geantwortet hat, etwas Neues anschneiden, merkt man, dass sie, was sie fragten, gar nicht wissen wollten. Oder sie haben den Eindruck, man könne ihnen nichts mitteilen.

Ich sage immer mehr, als man mich gefragt hat. Ich meine immer, der Fragende wolle es so genau wie möglich erfahren, und rede und rede und vergesse ganz, dass der Fragende nur gefragt hat, um auch etwas zu sagen. Durch mein Reden hindere ich ihn daran, auch etwas zu sagen. Er muss ärgerlich sein auf mich. Ich aber dachte, er müsse mich lieben, weil ich mich bis zur Erschöpfung angestrengt habe, seine Frage zu beantworten.

Glienicker Brücke. Brücke der Einheit. Steinstücken. Die Mauer ist also aus drei auf einander gestellten Betonplatten gebaut. Auf der Mauerkrone noch ein Zementrohr, mit Eisenbändern auf der Mauer fixiert; offenbar, um greifenden Händen keinen Halt zu bieten, dass sie abrutschen müssen. Die Vorstellung, dass sich das auch nur ein einziges Mal bewähre. Das Menschenmögliche.

Zwei haben dich beleidigt, gleichermaßen ununterscheidbar tief beleidigt. Dem einen trägst du es ewig nach, den anderen liebst du längst wieder. Du kannst dir seine Beleidigung buchstabieren, wie du willst, du liebst ihn. Absichtslos, rückhaltlos. Er kann also machen mit dir, was er will? Das liegt an ihm.

«Ich habe nie eine Beleidigung auf dieser Welt verziehen.»
Heinrich Heine

Stich und Druck begleiten dich durch ein Leben, das schwankt, als stürze es jeden Augenblick.

Dr. von Wolf findet nichts in meinem Bauch und Blut. Also bleibt mein Bauchweh ohne Namen. Umso besser.

Eine Berühmtheit (vor allen) zu Meßmer: Sie wollen die Deutschen retten. Offenbar haben Sie den Verstand jetzt völlig verloren. Die Deutschen sind alle Nazis. So einfach ist das. Ihre einzige Chance: Sie sagen diesen meinen Satz nach: Die Deutschen sind alle Nazis. Dann sind Sie selber, obwohl Sie ein Deutscher sind, keiner. Wenn Sie aber sagen: Die Deutschen sind nicht alle Nazis, dann sind Sie einer. Ja, mein Herr, Wichtiges ist immer einfach. Wer sich nicht einfach ausdrückt, hat nichts zu sagen.

Es war Meßmers Glück, dass die Berühmtheit dann nur noch über den Zusammenhang einfach / wichtig sprach. Zum Glück erwartete die Berühmtheit nie, dass einer, der so angesprochen wurde, auch etwas sage. Wenn jemand der Berühmtheit dreinredete, unterbrach sie den, sagte dem ins Gesicht: Jetzt seien Sie doch nicht so geschwätzig. Es war bekannt, dass die Berühmtheit nach einem Abend, an dem jemand versucht hatte, etwas zu sagen, überallhin telephonierte und erzählte, sie, die Berühmtheit, sei den ganzen Abend lang so gut wie nicht zu Wort gekommen. Dann musste jeder Angerufene sagen, er habe schon gehört, dass außer der Berühmtheit keiner zu Wort gekommen sei und das sei gut so, denn keiner könne so gescheitschön reden wie die Berühmtheit, die Mitrechtberühmtheit.

Wer sich gegen Schuld nicht wehrt, empfindet sie nicht.

Wie mit dieser überall gegenwärtigen deutschen Minderwertigkeit leben?

Schuldfähigkeit ist die höchste Fähigkeit, zu der ein Mensch sich entwickeln kann.

Wie lange muss etwas her sein, bis es erträglich wird? Es gibt zu wenig Zeit.

Schlimm war der Traum in der ersten Nacht nach dem Zusammenprall mit dem Berühmten. Im Traum blieb der Berühmte vor Meßmer stehen. Das sah aus, als sei noch etwas zu machen, und Meßmer war sofort bereit. Er war sogar gerührt und dankbar. Der Berühmte hatte eben doch einen guten Kern. Ein Unmensch wird einfach nicht so spitzenmäßig berühmt. Mein Gott, kommt der extra noch einmal bis auf zwei, drei Meter her. Dem hatte er wirklich unrecht getan. Also, rief der Berühmte. Ja, sagte Meßmer, es freut mich mehr, als ich sagen kann. Und?, rief der Berühmte. Jetzt merkte Meßmer, dass er sich unterwerfen sollte. Einfach unterwerfen. Prosterni necesse est. Kapitulieren sollte er. Unconditional. Der Berühmte wartete noch. Sein niemals zur Ruhe kommender Lippenwulst zuckte schon und bebte. Konvulsivisch, dachte Meßmer noch. Dann eben nicht, rief da auch schon der Berühmte und ging böse weg. Meßmer schrie hinter ihm her. Seine Enttäuschung schrie er, seine Wut, seinen Hass. Und hoffte, der Enteilende habe ihn nicht mehr gehört.

Als Meßmer aufwachte, meldete sich sofort dieser Traum. Ihm war, er sei dadurch, dass er von dem Berühmten geträumt habe, durch und durch beschmutzt, und nicht nur für diesen Tag.

Außer im Moralischen herrscht in allem Notwendigkeit. Das muss am Moralischen liegen.

Schwäche macht einen moralisch. Sobald man am Zusammenklappen ist, traut man sich keine Gemeinheit mehr zu. Aufheulend, möchte man gut sein. Aber es ist schon zu spät. Man wird noch rasch hinein- und hinabgerissen in die Vernichtung, die denen beschieden ist, die nicht stark genug sind für Gemeinheit und Untat. Der kläglichste Fall: einer, der zu schwach ist, etwas Böses zu tun, und es doch tut, also scheitert. Ein erfolgloser Bösewicht, der reine Jammer.

Wie einer immer und auch öffentlich gegen etwas redet, dem er privat verfallen ist. Wer ihn kennt, hält ihn für einen widerlichen Heuchler. Keiner merkt oder weiß, dass er wirklich gegen das spricht, was er tut, eben um davon loszukommen; auch um sich zu verurteilen, festzulegen, zu hindern. Aber es gelingt ihm nichts gegen sich, außer dass er gegen sich redet.

Einziehen, schließen, falten, keine neuen Farben. Eben leben, keine Steigerung, den Fall nicht nähren, nur Schnüre entwirren und sorgsam enden.

Kaum erlebt einer, wie verraten er ist, kommt er sich gleich als König vor.

Niemand ist so frei wie der Verachtete.

Der Unterlegene muss dem, dem er unterlegen ist, zustimmen. Das ist der Tribut. Das ist der Grund aller Geschichtsschreibung.

Meßmers Lebensfreude: Wenn der, der sich über ihn mächtig fühlt und ihn dementsprechend behandelt, wenn der von einem noch Mächtigeren eins draufkriegt.

Sind Sie jetzt nicht mehr dafür, dass jeder glücklich und tausend Jahre alt wird? Doch, aber ich weiß nicht mehr, wie das zu machen wäre. Haben Sie das je gewusst? Nein, aber ich habe geglaubt, dass ich's wüsste.

Wenn mich jemand fragt, wie der neueste Krieg auf mich wirke, sage ich es. Ungefragt nicht. Ich will einem anderen den neuesten Krieg nicht erträglicher oder weniger erträglich machen.

Tartuffe neu als linker Bekenner. Das waren noch Zeiten, als die Heuchler rechts waren.

Solange man noch Zeitung liest, ist einem nicht zu helfen.

Nichts, was mir wichtig ist, ist links oder rechts.

Das Axiom des Kritikers: Jedes Buch ist schlecht und muss das Gegenteil beweisen.

Diese Opernfoyersprache der bürgerlichen Kritik für die Krankheitsberichte anderer.

Richtlinieneifer. Die oben sind, behandeln uns von oben herab. Kein Unterschied zu denen, deren Talare sie 1968 schmähten. Nur die Mode hat gewechselt.

Sittenwächter, lebend vom Reklamebordell.

Macht ist immer Macht über andere. Trotzdem gibt es Leute, die Macht haben wollen.

Jede Nacht die Erschießungskommandos, die ihn aus der Zelle zerren und ihn dann auf dem Weg zur Mauer treten und schlagen, weil sie finden, das Erschossenwerden gehe zu schnell, sei zu wenig Strafe für einen wie ihn. Befehligt werden die Kommandos jede Nacht von einem anderen. Diese ihre Männer anfeuernden Befehlshaber stellen sich jede Nacht, bevor sie ihn hinauszerren lassen, vor. Er kennt diese Befehlshaber natürlich, es sind ja überaus prominente und durchweg ehrenwerte, zum Teil sogar ehrwürdige Männer. Dass sie nachts Erschießungskommandos befehligen, würde man ihnen am Tag überhaupt nicht zutrauen. Es ist ganz klar, dass sie das nur tun, weil er es ist, der erschossen werden muss. So soll zum Ausdruck gebracht werden, soll ihm beigebracht werden, was er für einer ist. Nichts als tadellose Männer, die allesamt Gegner der Todesstrafe sind, müssen nachts seinetwegen Erschießungskommandos befehligen. So weit ist es durch ihn gekommen. Das soll er sich, kurz bevor die zwölf Schüsse wie ein einziger Schuss fallen, durch den Kopf gehen lassen. Das wirkt, als müsse er sich bei jedem, der ein Erschießungskommando gegen ihn befehligt, entschuldigen. Und eben das will er ja, wenn die Zellentür aufgerissen wird und im Licht der für das unentbehrliche Fernsehen nötigen Scheinwerfer hereintritt dieser und jener hohe Präsident oder Professor oder Lyriker gar, und jeder kommandiert in seiner köstlichen Sprache, der man doch nur gehorchen kann. Der gefügige Delinquent will sich also jedes Mal dafür entschuldigen, dass seinetwegen dieser und jener tadellose Herr seine Nachtruhe opfern muss, nur um ein Erschießungskommando zu befehligen. Aber schon bevor er den Mund zur Entschuldigung aufbringt, packen ihn jedes Mal die Männer des Kommandos, zerren ihn hinaus, treten und schlagen auf ihn ein, weil eben das bloße Erschossenwerden eine zu geringe Strafe wäre für ihn. Die Befehlshaber bemühen sich, diese Ausschreitungen nicht zur Kenntnis zu nehmen. Und eben das tut der Delinquent, so gut es gehen will, auch. Und dieses Nichtzurkenntnisnehmen der pöbelhaften Ausschreitungen ist dann doch noch eine allerletzte Gemeinsamkeit dessen, der erschossen werden muss, mit denen, die ihn erschießen lassen müssen.

Ich bewundere Menschen, die wenig Zustimmung brauchen.

Rohzustand will ich sein, ungelenk, brechen, brennen, weggeräumt werden müssen, den Feinden eine Arbeit, überhaupt eine Klimaverschlechterung.

In Mali imitieren die Trauernden Schreie von Neugeborenen, das heißt, so schreie jetzt der Tote in der neuen Welt, in der er jetzt ist.

Wir schlagen einander, als wären wir beauftragt.

> Du, der du dich
> über mich beugst,
> mitleidlos
> erkenne dich selbst
> in mir.

Ich bin nicht, der ich bin.

Irgendwo stehen, wo Caspar David Friedrich ihn von hinten gemalt hätte.

Muss er sich eingestehen, wie verletzt er ist? Oder spielt er besser den Unerreichbaren?

In Häusern auf Höhen, eigentlich makellos, und hätten nicht zu klagen, wir, als Befreite, die tüchtig sind im Gelernten, Erlaubten, Gleichgültigen, spuckte nicht einer auf den anderen.

Zerstörbarkeit. Es gibt keinen Schutz. Keine Trennwand zwischen innen und außen. Es ist schon eine Illusion, eine typische Sprachillusion, von innen und außen zu sprechen.

Im Kopf Gelichter, unbeherrschbar, quälend. Ihn quälend. Angesetzt auf ihn. Unzählbar viele Fledermäuse. Schweinegrunzen. Schreie wie aus Blech. Elektrisches Geknister. Etwas verbeißt sich in etwas.

Alles mit dem Schlimmsten impfen. Das Schlimmste wirkt, hofft man, als Wahrheitsserum.

Da alle mit Kampf- und Bedeutungsmasken auftreten, glaubt man, nicht bestehen zu können, wenn man sich gäbe, wie man zu sein glaubt. Man sagt lieber: Keiner hat etwas zu sagen! Als: Ich habe nichts zu sagen. Es sei denn, ich dürfte von meiner Nichtigkeit sprechen, von meinem bloßen Dasein, meinem windigen, bedeutungslosen Dasein. Nimm die Sprache, schieb's auf sie. Sie ist voller Prozeduren, die zurückgeblieben sind von solchen, die sich wichtig genommen haben, bis zum Schluss. In deren hinterlassenen Sprachkleidern haben wir von Anfang an das Rechthaben, das Wichtigsein geübt.

Er lebt von der Unausführbarkeit seiner Pläne.

Ein Lautgeschmier dringt in einen ein, in jenes Innere, das man Seele nennt. Eine verschmierte Seele kriegt man da.

Wir sind gebogen worden von eurer Gewalt.

Und so war es immer: Je illegitimer, umso legaler. Fremd stehen wir uns selbst gegenüber. Abschätzig reden wir über uns. Das Interesse an uns haben wir verloren. Ihr könnt jetzt machen mit uns, was ihr wollt.

Wir werden uns nicht wehren, nur hinterlassen, was dem Sieger zum Spiegel wird, wissend, dass Siegen blind macht.

Ich möchte so müde sein dürfen, wie ich bin.

Bin ich deprimiert? Überhaupt nicht. Nur niedergeschlagen. Von wem?

Niveau wird durch Level ersetzt. Uns kann's egal sein.

George Berkeley: Few men think, but all will have opinions. Zitiert Schopenhauer in seiner «Welt als Wille und Vorstellung».

Er fährt immer noch herum und sucht und kauft Hölzer, mit denen man die schönsten und tüchtigsten Schiffe bauen kann. Das hat er immer getan, nur, früher hat er Schiffe gebaut. Jetzt stapelt und stapelt er die prächtigsten Hölzer, aber er baut kein einziges Schiff mehr. Das Auslesen und Kaufen der Hölzer und das Stapeln dieser Hölzer so, dass sie vor jedem Verderb sicher sind, beschäftigt ihn jetzt, wie ihn früher das Bauen der Schiffe beschäftigt hat. Er entwirft die Schiffe noch bis ins Detail, gibt ihnen die richtigen Namen, aber er baut sie nicht mehr. Aber hat vor, sie zu bauen. Er hat es überhaupt nicht aufgegeben, Schiffe zu bauen. Er kommt jetzt nur nicht mehr dazu.

In Opposition bis zur Bewegungslosigkeit. Man müsste sich an jemanden wenden können. Aber der sogenannte Stolz erlaubt das nicht. Das Übel hat so widerwärtige Namen, man brächte sie einem anderen gegenüber nicht über die Lippen. Das Übel ist ein vollkommen verurteiltes. Es ist verurteilenswert in jedem Grad. Es ist verächtlich. Unerwähnbar. Man könnte nur mit einem darüber sprechen, der vom selben Übel befallen ist, den man aber deshalb, selbst wenn man sich anstrengte, ihn nicht zu verachten, nicht ertragen würde. Lieber bleibt man allein und in der Gewalt des Übels und verheimlicht weiter mit aller Kraft, wovon man durch und durch beherrscht wird.

Pläne, großspurige, bewachen mich. Ich lasse mich von Plänen bewachen, großspurigen. Ehrgeiz heißt der Kommandant meiner Leibwache. Er ist ein Schwächling, ein großmäuliger Schwächling. Faul ist er auch. Nur angeben kann er.

Jemand hat uns das Licht weggetrunken, wir sind übrig und schwer, Tastende. Die Wörter laufen an uns vorbei, wir rühren uns nicht.

Wir haben nicht gewusst, was wir angefangen haben. Wir haben uns immer nur nach der augenblicklichen Gegebenheit gerichtet.

Das erste Mal, dass etwas richtig läuft. Eine deutsche Revolution. Und sie läuft richtig, weil sie nicht von Intellektuellen ausgedacht und gemacht ist, sondern von den Leuten selbst.

In den Teppichbodengängen des *Astoria* riecht es noch nach DDR.

Wir sind ein beschädigter Verband oder ein Verband von Beschädigten. Wir ziehen unseres Wegs. Für die, die uns mit Hohn begleiten, muss das Leben einfacher sein. Sie lachen sich schief über die Schmerzlaute, die wir ausstoßen; über die Grimassen, zu denen unsere Gesichter unter dem Druck des Daseins geworden sind.

Ich muss den Kopf mit Tätigkeiten täuschen. Ruhe wäre ein Licht, das mich zerstörte. Mit Zeitunglesen verhindert man viel. Leben möchte ich das nicht nennen.

Lesen und schreiben, diese besondere Art zu hinken. Hinkende können lesend und schreibend auch fliegen.

Unverständlich zu sein gelingt mir nicht, darum ist jeder über mich erhaben. Klar.

Nachts, man liegt im Dunkeln, hat die Augen zu, möchte schlafen. In der Vorstellung lässt sich kein Nachtbild durchsetzen. Die inneren Augen sehen lauter taghelle Bilder. Und diese inneren Augen lassen sich nicht schließen. Je entschlossener man daran denkt, sie zu schließen, desto weniger lassen sie sich schließen.

Horchposten. Die Menschheit auf Horchposten.

Der Affe des Herakles turnt auf der Bühne des Bewusstseins. Wir sind klein geraten, weil wir so viele sind.

Die Nase ist gereizt und beleidigt. Zu viele verschiedene Putzmittel in kurzer Zeit.

Wir legen die Ohren an die Wände und schauen mit großen Augen an einander vorbei. Wir tun, als könne man über das, was wir hören, verschiedener Meinung sein. Es wäre nicht auszuhalten, wenn wir uns nicht täuschten. Wer das Täuschendste sagt, gilt am meisten. Die Wahrheit ist nicht erwähnenswert.

Ausgehöhlt von der Schneide der Zeit, nimmt das Dröhnen in mir zu. Ich bin ein Hallraum, dass Vogelfüße donnern.

Er bittet jeden, der erwähnt, dass er ein Buch geschrieben habe, stürmisch, dieses Buch sofort lesen zu dürfen. Und er wird immer prompt versorgt. So liest er jetzt neben- und durcheinander Historiker, Soziologen, Linguisten, Philosophen. Wenn er einen der Verfasser trifft, kann er nichts sagen, weil er bei diesem Durcheinanderlesen nichts behält. Also ist die Mühe umsonst. Aber nur, was seine Beurteilung durch diese Verfasser angeht. Er hat denen gegenüber, weil er sich so viel Mühe gibt, ihretwegen, doch ein besseres Gefühl.

Es kostet Meßmer viel Kraft, auf der Straße immer und immer und immer wieder an allen Menschen vorbeizugehen. Er schaut ihnen, wenn er ihnen begegnet, so lange wie möglich, so direkt wie möglich in die Augen. So lange, wie er es schafft, und so direkt, wie er es zuzugeben wagt. Er geniert sich natürlich. Also, die Entfernungen bleiben. Und Entfernungen, die bleiben, nehmen zu.

Verlust ist fast ein rein wirtschaftliches Wort geworden. Gewinn sowieso. Reiner Verlust. Reingewinn.

Diese Reise wird kein Geschäft. Schon gegen Mittag hat man mehr ausgegeben, als man abends verdienen wird.

Eine gefährliche Einbildung: Weil man Geld braucht, glaubt man, man könne alles tun, womit man Geld verdient.

Nimm das Geld und geh. Denk an nichts als an das Geld. Das ist deine Unschulds-Chance.

Wie der Druck nachlässt, wenn man glaubt, Geld zu haben. Vorübergehend. Es ist direkt spürbar. Mindestens so, wie wenn man eine Last, die man trägt, abstellt.

Man muss anbietbar sein, ohne viel dafür tun zu können.

Dass er immer glaubte, entsprechen zu müssen! Immer in Übereinstimmung sein wollen zerstört.

Am Tag ist er gesünder als nachts.

Sobald das Projekt entworfen ist, wendet er sich dem nächsten zu. Nur nichts fertig machen. Das würde ihn langweilen. Vielleicht stellte sich dann auch heraus, dass seine Projekte gar nicht fertig zu machen sind. Dass sie möglich sind nur als Projekte. Da wirken sie. Sogar kühn wirken sie da. Als reine Projekte begeistern sie ihn. Warum soll er sie durch Realisierung verderben.

Man muss nicht frech sein. Fromm sein reicht.

Lieber weiter im Himmel forschen als in der eigenen Tasche.

Die Dame vom Kunstverein: Schön, dass es doch noch geklappt hat. Sie habe schon gefürchtet, er werde Holzminden vorziehen. Jetzt erwartete sie, dass er sage, er würde Holzminden nur vorziehen, wenn er dort sehr viel besser bezahlt worden wäre. Warum sonst nach Holzminden. Das sagte er. Die Veranstalterin gab sich erfreut. Er würde allerdings, wenn die in Holzminden ihn haben wollten, nach Holzminden gehen, egal, was die bezahlten.

Die Dame vom Kunstverein muss Alkohol meiden, weil ihr einmal in einem Lokal ein Bild, ein schweres Ölgemälde, ein Original, wiederkäuende Kühe zeigend, auf den Kopf gefallen ist. James Baldwin hatte gelesen, danach war man noch in einem Lokal. Einmal hat sie seitdem etwas Alkohol getrunken und fand sich dann am Rand der Autobahn und wusste nichts mehr.

Wenn du befürchten musst, dass dies das letzte Mal sein wird, dass du nach Osnabrück kommst, dann kriegt Osnabrück ganz schnell einen unheimlichen Glanz.

Wenn vom Glanz etwas bliebe, wäre es kein Glanz.

Wer reist, lügt auch.

Ist es mir jetzt langweilig genug, oder müsste es mir, damit ich mich wohl fühlte, noch langweiliger sein?

Unerträgliche Tage muss man loben, weil man froh sein kann, dass sie vergehen.

Japaner stehen im Foyer Japanern gegenüber, sie verbeugen sich immerzu vor einander. Sie können nicht aufhören. Offenbar will jeder der Letzte sein, der sich verbeugt.

Jeder Reisetag ist ein Verbrechen.

Ein Tropfen auf einen kalten Stein.

Widersprüche graben in mir nach Wahrheit und finden sie nicht. Ich segle so lange lustig ins Licht.

Wem danken? Einfach nach oben schauen. Niederknien ist auch so was. Am meisten ist Singen.

Jetzt, glaubt man immer, sei es zu spät. Wenn es dann später geworden ist, sieht man, dass es damals nicht zu spät gewesen wäre, erst jetzt, denkt man jetzt, ist es wirklich zu spät.

Eine Eile reicht mir nicht, ich brauche zwei. Es ist zu spät für Symphonien. Ich rutsche steile Hänge hinab. Keinem sage ich, warum ich so in Eile bin. Eine Folge der Teilnahmslosigkeit. Nichts hält mich. So die Beschleunigung.

Wenn Meßmer sich die Augen rieb und schwankend wurde. Aber nie für länger, dann erkannte er in den unerwarteten Erfreulichkeiten die reine Zufallswillkür. Und dass es ihm von jetzt an gut gehen sollte, erinnerte ihn daran, dass er oft genug gesagt hatte: Jemand, der nicht über Gebühr kämpfen muss, wie kann der leben?

Plötzlich ausbrechende Direktheit.

Ertränke den Schmerz in einer Flut von Wut. Bleibe laut.

Ohnmacht. Die Zähne liegen auf einander ohne Biss.

Immer das Gleiche. Die Welt entspricht dir nicht. Aber du sollst ihr entsprechen.

Je älter er wird, desto mehr muss er lügen. Es gibt nichts mehr, was von diesem Zwang zur Lüge verschont bliebe. Das Alter – die Lüge schlechthin.

Das Alter ist der Nachteil des Lebens.

Jetzt wird es aber mulmig. Die Schärfe versinkt in einem wattierten Schwindel. Er ist froh über diese Gegenstandslosigkeit. Die ist der Bibel vorzuziehen.

Warum erlebt man die Welt als schön? Bloß dass es weh tut.

Heute sich gründen. Nicht nachgeben, bis du dich spürst. Wenn du dich im mindesten spürbar machst, ist das viel. Das ist Schöpfung. Aus Hauch und Rotation sollst du endlich spürbar werden.

Es ist ein Herumschauen und Sichfestsaugen und Abgleiten, ein Zubodenfallen und ein vor Nichtbemerktwerden schnelles Zergehen.

Würdest du, bitte, etwas von mir lesen, wenn ich es dir schicke? Es wäre mir sehr wichtig. Du müsstest es nicht umsonst tun. Ich würde auch etwas von dir lesen. Ehrlich. Du könntest dich darauf verlassen. Also, willst du? Ich wäre dir sehr dankbar.

Jeder Vogel bohrt mit seinem Gesang nach Gold in mir.

Der Himmel lädt seine Last auf die Erde, die empfängt und empfängt, gibt sich dankbar. Alles passiert uns mit Spuren. Wir sind selber so vorübergehend, dass wir kaum zu kennen sind.

Ich weiß nicht, wo du bist, zum Glück, sonst führe ich hin, um dir mit möglichst vielen vorgeschobenen Redensarten den nötigen falschen Eindruck zu machen. Du weißt nichts von mir, zum Glück. So soll es bleiben.

Eine wahnwitzige Geschichte. 5-Jährige und 8-Jährige, die sich benehmen wie Erwachsene.

Im Kopf viel Raum und siedend.

Solange ich nicht genug Geld habe, kann keiner sagen, er wisse schon, wie ich zu ihm stehe. Wenn ich genug Geld hätte, würdet ihr mich erst kennenlernen.

Ähnlich die junge Frau, die mir vorwarf, dass ich in der Diskussion alles nur in Lacher umfunktioniere. Ich sagte, dass ich das alles nur als Fassade betriebe, ich hätte doch noch nichts von mir gesagt, und ich fände nicht, dass darauf ein Anspruch bestünde. Dann sind wir also alle Ihre Feinde, sagte sie. Ich, mechanisch: Wenn Sie so wollen. Da ging sie. Deutlich empört.

Der geheime Wettbewerb. Der, dem es am schlechtesten geht, ist am meisten gerechtfertigt. Machtausübung durch Unglücklichsein. Das Unglück darf aber nicht aussehen wie Erfolglosigkeit. Unterwerfung anderer dadurch, dass man erfolgreicher unglücklich ist als sie.

Auf Nachrichten wartend wie der Spieler auf die Zahl, auch wenn man schon lange nichts mehr einzusetzen hat. Das Warten ist etwas an und für sich, auch wenn nichts kommen kann. Warten ist süß. Eine schreibt mir: Sie hat eine platonische Liebe zu einem Mann, wartet seit drei Jahren, dass er anruft.

Der Schaffner hat einen Lehrling dabei, dem er zu jeder Fahrkarte etwas sagen kann. Der Schaffner ist John Wayne. Immer wieder erstaunlich, wo einer, wenn er gestorben ist, unterschlüpfen muss.

Die Frau streckt ihre kurzen Beine herüber, erreicht aber mit ihren Absätzen doch noch die Polsterbank neben mir. Sie hat alles aus ihrer Zeitung, was nicht Rätsel war, auf das Polster gelegt. Ich muss ihre schwarzen Stiefel anschauen. Die kommen aus ihren braunen Hosen vor wie Soldatenstiefel. Ihr riesiges Kreuzworträtsel löst sie auf dem Klapptischchen am Fenster. Wenn sie über eine Frage nachdenkt, schaut sie schräg nach oben. Sie schaut so, als sehe sie nichts. Endlich schält sie einen Apfel, schneidet ihn auf – sie hat also immer ein Messer dabei –, dann schiebt sie Schnitz nach Schnitz in ihren eher kleinen Mund.

Der Schaffner ist mein bester Freund. Er hat mich noch nie verraten. Fast frage ich mich: Kann er dann mein bester Freund sein?

Eine krumme alte Frau hinkt im Gang vorbei, Richtung Klo.

Erftstadt, Weilerswist, Euskirchen, Mechernich, Kall, Urft, Nettersheim, Blankenheim (Wald), Schmidtheim, Dahlem (Eifel) Jünkerath, Lissendorf, Oberbettingen-Hillesheim, Gerolstein. Namenlyrik.

Überall, wo er hinkommt, trifft er jemanden, der genauso alt ist, wie seine Mutter wäre, wenn sie noch lebte. Zuerst muss er immer einen Widerstand überwinden gegen so jemanden. Danach fühlt er sich aber mehr hingezogen zu einer solchen Person als zu sonst jemand.

Ich ringe nicht mit dir, Gelegenheit. Ich lasse dich verrinnen. Ist diese Luft nicht wie aus Honig? Auf einer roten Honda brausen zwei wunderbare Wespen vorbei. Lasset uns beten. Im Allgemeinen interessiert mich nichts. Aber abends ... abends ... Was soll ich tun, wenn ich spüre, dass ich gleich keine Kraft mehr haben werde, die Wahrheit zu verschweigen? Die Folter siegt. Nachher werde ich widerrufen.

Ich streite auf dem Markt gegen die Drachen. Ich bin ein kleiner Drache, der als St. Georg auftritt. Aber die anderen Drachen treten auch als St. Georg auf. Wir sind alle St. Georgs. Du siehst keinen Drachen mehr. Märchenhaft.

Es liegt an den Büchern meiner Kindheit, dass ich mir meine Feinde leichter zu Pferd vorstellen kann als zu Fuß oder im Auto.

Geträumt, nicht erinnert, den Wert des Geträumten empfunden. Wie durch eine Abschirmung wirksam die Ahnung, dass der Traum einen höheren, innigeren Wert hatte als das jetzt bestimmende Wachsein. Im Traum wie in einem Schach-Endkampf nur wesentliche Figuren von großer Entschiedenheit, Helle, Deutlichkeit. Jetzt nur Diffuses. Wo man hingreift, schwimmt etwas weg.

Wenn die Möglichkeiten eingehen wie zu heiß gewaschene Pullover.

Willkommen Schwärze und Schwere,
herein Lichtlosigkeit und Sturz,
tänzerisch führt sich die Leere auf,
Sauerstoff gewährt das Nichts.

Warum, wenn du, woran du denkst, ohnehin nicht erreichst, und dem, woran du denkst, auch überhaupt nicht entsprechen kannst, warum dann überhaupt daran denken?

Die unbeliebte Depression. Halbirre Paare nisten in ihren Zimmern, und Einzelne, dreiviertelirr, stehen auf Stühlen und ragen in die Einsamkeit.

Sobald er aus der Stadt heraus war, hielt er sich für gerettet. Das Konzert würde ohne ihn stattfinden. Vielleicht würden sie es ausfallen lassen. Er wäre gern gerannt, aber so, wie er angezogen war, würde er rennend zu sehr auffallen, er würde aussehen wie einer, der flieht.

Ich halte mich an jedem Geländer fester, als es nötig wäre.

Ich habe die Unverschämtheit, mich in der Schweiz nicht fremd zu fühlen.

Eine Französin lässt die Hand ihres Mannes auch auf der engen Treppe, die ins Flugzeug führt, nicht los, also auch nicht, als sie hinter einander gehen müssen. Das heißt, denke ich, dass sie ein Flugzeug nur an der Hand ihres Mannes oder überhaupt nicht betritt. Aber die Frau wird dadurch kein bisschen kleiner oder naiver oder beschränkter. Sie wächst mit jedem Schritt, den sie sich nach oben führen lässt. Sie drückt so aus, ein Flugzeug sei etwas, das ihrer in keiner Hinsicht würdig sei. Ihr Mann muss es überhaupt ermöglichen, dass sie so etwas wie ein Flugzeug überhaupt besteigt.

Nichts ist richtig getan. Offen bleibt, vorwurfsvoll, alles. So viel kann nicht, wie mir jetzt verziehen werden müsste, verziehen werden. Ich muss noch gutmachen und wiedergutmachen. Das meiste hängt noch herum. So kann man es nicht lassen.

Minister, Moderator, Meßmer: die Anfahrt zum Hotel. Gelungene Klassik-Imitation. Vornehme Angestellte lungern in erlesenen Haltungen auf ihren Arbeitsplätzen herum. Die Frau an der Garderobe ist eine Chefkosmetikerin. Im Salon 3 ein Tischchen mit Häppchenplatte. Alle Häppchen mit einer Gelatine überzogen, egal ob Wurst, Fleisch oder sonst etwas drunter ist. Zuletzt der Minister. Mit einem Mann, den ich für einen Mitarbeiter halte. Er ist aber für die Sicherheit da. Der Moderator vor den Leuten, abgewetzt und unverdrossen. Er lässt den Minister und Meßmer nicht mit einander reden. Ganz ruhig unterbricht er, wann er will. Allmählich wird klar, er veranstaltet das, um der Welt zu zeigen, dass er bekanntere Herren reden und schweigen lassen kann, wie es ihm beliebt. Ein Kind, entweder aus einer kinderreichen Familie, in der er nie zu Wort kam, oder ein Einzelkind, das immer alle zum Schweigen brachte, wenn es reden wollte. Ein schrecklicher Abend mit einem wunderbaren Moderator, der das Gespräch in den Händen hatte wie eine Häkelarbeit, die er dann zu seiner vollen Zufriedenheit beendete.

Die Lust, nein zu sagen. Das Leid, so selten Gelegenheit zu haben, nein zu sagen. Und wie er es, wenn einmal eine Gelegenheit kam, übertrieb.

Keine Macht für Niemand. In grüner Schrift auf Beton.

Von allen Göttern hat der Gott Öffentlichkeit die größten Chancen, seine Vorgänger zu übertreffen.

Am angenehmsten war in der TV-Diskussion von Philosophen, Psychologen, Pädagogen über Kindererziehung der, der selber keine Kinder hat: Hartmut von Hentig.

Das leise Rasen des Zuges lindert ein wenig die Härten der letzten Ereignisse.

Im Großraumwagen telephoniert eine Frau mit eigenem Telephon. Einer geht hin und erfährt für uns alle: Das wiegt 3 kg, aber funktioniert überall. Sogar jenseits von Dresden.

Reisen, angewandte Trauer.

Kommt ein IC von Berlin und muss kurz vor München und Mitternacht auf freier Strecke halten, bis so ein lächerlicher Vorortflitzer vorbeigeflitzt ist. Jetzt traut sich der IC nicht mehr, schnell zu fahren. Er schleicht durch die Dunkelheit auf München zu und rüttelt dabei mehr als vorher bei größter Geschwindigkeit. Er hat kein Selbstbewusstsein mehr.

Ich wähle am Himmel die Wolken aus, die mich begleiten sollen auf meiner (ewigen) Reise. Es wäre keine Kunst, zu leben und zu sterben, wenn die Welt einen so oder so geoffenbarten Sinn hätte. Andererseits ist die Vorstellung, dass alles gemacht werden muss, damit etwas sei, auch nicht schlecht. Die Befriedigung, wenn es gelungen ist, in einem Ofen Feuer zu machen, der in einem kalten Haus steht, in das man abends im Gebirge kommt, ist unabweisbar. Ins Feuer kann man starren, ins Eis nicht.

Aus der Unerträglichkeit des bloßen Lebens die Hoffnung auf die Erträglichkeit des Lebens im Geiste. Angewandtes Leben. Leben als Sprache. Wir haben kein Organ für das Leben selbst. Das Geschlechtsorgan möchte sich anbieten. Gut. Angebot angenommen. Das Geschlechtsorgan ist also das Organ für das Leben. Da findet es statt. Es selbst.

Die Unkenntnis ist immer größer als die Kenntnis.

An alle, die mich nicht mögen. Mitteilung über die, die mich mögen. Ich schmiege mich an die, die mich mögen. Das sind sehr verschiedene Leute. Damen mit längst ruinierten Stimmen. Beamte, wegen Trunksucht aus dem Staatsdienst entlassen. Arbeitslose. Angestellte zwischen 55 und 60. Frauen, denen der Beruf schon vor dem 40. Jahr das Kreuz gebrochen hat. Lehrer, von denen im Lehrerzimmer abgerückt wird. Hoffnungsarme jeder Art. Aus sich selbst Bestehende also.

Sich beschweren – ein Mangel an Selbstbeherrschung. Du willst jemanden nötigen, anders über dich zu denken, als er denkt. Selbst wenn du das erreichtest, was wäre es dann noch wert?

Ich möchte gern Gedichte waschen, ich perverser Mensch ich, dann erst würf ich meinen Hut in die Luft, in der die Gedichte zum Trocknen hingen, nachher sähe ich, dass die Konjunktive eingegangen sind.

Während er die sieben letzten Worte des Erlösers vom Kreuz hörte, erschlug er Fliegen. Nachdem er einige Fliegen totgeschlagen hatte, empfand er jede Fliege, die sich ihm näherte, als eine Aggression. Die wollten sich wohl rächen.

Was für Erinnerungen an Gegenständen haften können. Bis zur Unbrauchbarmachung der Gegenstände.

Jeder Baum weiß, dass es Sonntag ist. Ich weiß es nicht.

Wenn einen alles stört außer Bäumen.

Laubwälder prangen mit Verfall.

Wie oft bin ich diese Strecke gefahren, und zum ersten Mal seh ich den Stationsnamen Gessertshausen.

Vom Laub verlassen, sind die Bäume Nerven des Himmels.

Für sich ist etwas und angerichtet, nicht fremd, aber uneigen, es selbst, man muss es begreifen, dann hat man's, nur brauchbar ist es nicht, du kannst es nicht rufen, es ist nicht es, aber eine Tätigkeit, in der du dich kennst. Entschuldige, Herr, hinter der Jahreszahl, ich hüpfe wohl, weil mir der Boden fehlt.

Getrennt von Freunden,
fühl ich mich wohl
in der Falte der Zeit
und widme mich meinem Zerfall
und feiere mein Vergehen
und bin glücklich.
Ich widerspreche meinem Traum,
bei keiner Blume bleib ich stehen,
wo ich hinschau,
will ich Leere sehen.
Es gibt keine Gründe gegen die Welt,
was ist, hat recht,
Gift brauch ich, Gift,
jede Fälschung ist echt.
Sorgen haben die Bäume,
ich nicht, ich gehe so schnell,
unerreichbar dem Licht,
des Dunkels Quell.
Aus mir dringt nichts
hinaus.

Sträuße sind wir auf den Gräbern der Zukunft.

Die Güte der Gastgeber und der Gäste fängt alles ab. Jeden Abend. Wie diese Schicht lebt. Nicht diffamierbar. Beschämend, sonst nichts. In München-Stuttgart-Heidelberg-Frankfurt-Kassel-Hamburg-Kiel-Berlin-Dortmund-Bonn und sonst wo. Im Hörsaal, in den Villen. Die Monologe Meßmers und anderer. Seht den Professor, seht Meßmer. Und wenn er allein ist, wie ihm weh tut, was er gesagt hat. Kein Wort hat er gesagt, das ihn nicht nachträglich verletzt.

Zeilen zur Verfügung stellen, in deren Leere man sich legen kann.

Wir sagen einander nicht, wie verfeindet wir sind.

Meßmer entschließt sich und gründet das Pseudo-Prinzip.

Er ist nicht frei vom Schlimmsten. In ihm wird, was er nicht tut, ein Gefühl.

Wir stehen im Dunkel herum und fluchen, schlagen einander die Zähne ein, womit ich sagen will: Wir verunstalten einander. Gewölbe aus Gedankenstahl.

Man muss allein sein können. Wenn man das kann, ist alles andere leicht.

Welch ein Glück, wenn niemand anruft. Die Stille in einem Hotelzimmer bedarf der Schonung.

Wenn ich mich müdgeschwiegen habe,
fall ich die Stufen hinab,
der Gleichgültigkeit bau ich Altäre
in den Kellern der Zeit.

Ich möchte schneller stürzen.

Er hatte unter jedem Geräusch von nebenan gelitten. Wie viel mehr aber litt er unter der pathetischen Geräuschlosigkeit.

Verwirrt halt ich still vor rosarotem Abendnebel, gleich bereit, mich in allem zu täuschen. Auch ein

Vogellaut trägt dazu bei. Und ein paar mir bekannte Bäume, die wie im Frieden stehen.

Die rechte Angst will sich nicht einstellen. Zu leben überzeugt.

Immer wenn ich von Ulm nach Stuttgart fahre, schau ich, wenn der Zug in den Geislinger Kessel hinabbiegt, zum ersten Mal aus dem Fenster. Das heißt, so lange reicht meine Kraft, mich mit etwas, und sei ich es selbst, zu beschäftigen. Von da an schau ich an Wald-wänden hinauf, das nah vorbeirasende Gebüsch hört auf, zurückweichende Hügel geben den Blick frei, aber nichts, was zu sehen sich lohnt, erscheint. Ich verlange von der Fils nicht, dass sie die Loire sei. So sieht es aus, wenn die Arbeitslosenzahl bei 5 % hält. So wüst muss es sein, dass die meisten es ganz gut haben. Isuzufahnen, Märklin, Nichtsalswände, entmu-tigt zurückbleibende Autos, im Himmel der alles bestätigende Düsenstrich. Die Sonne, die unwissende, will untergehen, wie immer. Die falschen Gedanken weckend, zwei Pferde.

Die reine Unerfüllbarkeit: Er hätte seine Mutter gern gekannt, als sie noch ein Baby war.

Im Goldtag wiegen sich grüngold die Bäume, der Dunstgrund gleißt, allein sein reicht.

Vorsilben sind der Versuch, mit einer logischen Operation ein aus Erfahrung stammendes Wort seiner Schwere zu berauben: Unsterblichkeit.

Die Fahrt schon zwischen mehreren Bahnsteigen jetzt. Auf denen die Menschen, wie Gefangene beim Hofgang.

Die heimstrebenden Italiener auf dem Bahnsteig, lachend stehen sie inmitten ihres ärmlichen Gepäcks. Und ich, fast ohne alles, gehe missmutig auf und ab.

Oh Waldhorn-Bräu, oh Plochingen. Hügelauf klettern die Häuschen, und quer übers Tal spannt sich der Strom. Der Stern, der sich selber dreht. Ich habe nichts davon, dass ich alles sehe, aber nachher bin ich, wo ich nicht hinwill, in Stuttgart.

In der Fußgängerzone in Stuttgart plötzlich ein Anflug von Mut wie noch nie: eine Sekunde lang einverstanden mit einem völligen, restlosen Verschwinden.

Spekulationslos. Wenn ich diese Sekunde dehnen könnte, dürfte ich nichts mehr notieren. Die liebste Gewohnheit wäre kaputt.

Grotesk, der Versuch, in der Hotelhalle einen geschmackvollen Christbaum zu präsentieren. Und warum will ich dann gleich singen?

Plötzlich haben hier alle Männer von 17 bis 40 ärmellose Lederwesten an. Vorher hatte kein Mann zwischen 17 und 40 eine Lederweste an.

Nebel im Zimmer. Bei geschlossenen Fenstern.

Immer wieder anfangen wollen, es für möglich halten. Das ist das Weibliche in mir.

Vielleicht bin ich vorsteuerabzugsberechtigt.

II

Meine Damen und Herrn, wir verlassen jetzt Europa.
Ein unverständlicher Hebrideninsel-Name.
Dann darf Carreras weitersingen.
Una furtiva lagrima.
5 Stunden später: See the ice? Und als gerade der erste
langgezogene Ton der Egmont-Ouvertüre kommen
soll: links der Hoover-Staudamm.

Die dröhnende Flugfabrik verwandelt sich beim
Abstieg in etwas nur noch Sausendes.

12 Uhr 25 L. A. Anstehen, zur Immigration geschickt,
Papiere abgeben, hinsetzen. We do as much as we
can over here. Das falsche Visum. Kein Geldverdien-
visum. Außer Meßmer warten nur noch Farbige. Er
brauche ein J1-Visum, hat nur ein B1. Von der B 747
ist Meßmer offenbar der Einzige, der von hier nicht
wegkommt. Sie müssen seinetwegen nach Washington telephonieren. Kostet $ 15. Inspector Richardson,
schwarz, geht in die Kantine. Inspector Eusebio über-
nimmt. Der Name der Beamtin im State Department,
die das approval erteilt: Deborah Young. Der Professor: Er habe bis 4 Uhr gewartet, dann sei er hin-

auf und habe nach dem Gastprofessor gesucht. Seine erste Frage: Do I drive the scenic way or the short one? Meßmer spürt deutlich, dass er antworten soll: The scenic one. Nächste Frage: Und wo ist Ihre Frau? Und wo ist Ihre, fragt er genau so zurück. Des Professors Gloria arbeitet. Lehrerin. Daneben Kurse, sie braucht Credits für das Examen als Schulpsychologin, plus 400 Stunden Praxis, alles bis März, weil im März an der Beverly Hills High School eine Psychologenstelle frei wird. Die will sie. Dass sie die beste Frau für diese Stelle ist, weiß bis jetzt nur sie selber. Ob Meßmer mit einer gleichrangigen Abhaltung seiner Frau dienen könne. Er will es, sagt er, versuchen: Seine Frau betreibt die einzige Schlangenfarm in Süddeutschland und kann keines ihrer kostbaren Wesen irgendwelchen Schlangenignoranten anvertrauen. Der Professor nickt und sagt: Das IST eine gleichrangige Abhaltung. Und einen Vornamen habe die so begründet Abgehaltene doch sicher auch? Angelika. Oh, Angelika, nice. Meßmer ist sicher, dass der wirkliche Vorname seiner Frau kein nice geerntet hätte. Jetzt weiß er, wie er sich hier aufzuführen hat. Damit sich das UCLA-Panorama ein bisschen mit Leben erfülle, sagt der Professor, Gloria sei alte kalifornische Familie, Farmer, er Emigrantenkind, first generation kid, der Vater habe Goldstein geheißen, als Hitler übernahm, habe er sich geschworen: Den nächsten Namen, dem ich, wenn ich jetzt um die Ecke biege, begegne, nehme ich, das war Huber. Und im Vornamen habe er den Sohn dann noch tiefer verbergen wollen. Bruce.

Vor ihnen schieben sich drei absolut schwarze Limousinen, zirka acht Personen dürften Platz haben in so einem langgezogenen Auto-Insekt. Man sieht nicht hinein. Hinter jedem Tor hier jedes Mal gleich die Wache der Privatpolizei. Bel Air, sagt der Professor. Da Meßmer immer noch nichts sagt, sagt er: Wäre es Ihnen lieber gewesen, ich hätte Sie an den homeless people vorbeigefahren? In der Pappschachtelstadt an der Trade Street. Zirka dreißigtausend. Sehr malerisch. Oh nein, sagt Meßmer, ich ziehe Bel Air vor. Als der Professor in der Clairemont Lounge seine Telephonnummer überreicht, kommentiert er: Gloria sei von Schülern ihrer Klasse, also von Beverly-Hills-Prinzen, jede Nacht telephonisch sexuell belästigt worden, nur deshalb brauche ein University-of-California-Professor in L. A. eine Geheimnummer. Und eilt, bevor Meßmer im Aufzug verschwinden kann, noch einmal her. Es wäre ein Versäumnis, wenn er das nicht noch sagte. Er machte es kurz: Helen Hickenlooper, Komparatistin, hat sich bis jetzt noch auf jeden Gast gestürzt. Entweder mit ihren Gedichten oder per Agitation. Sie ist immer mitten in einer Kampagne. Er glaubt, Meßmer diese Information schuldig zu sein. Und geht. Und dreht noch einmal halb um und ruft: Dreimal geschieden, aber zweimal vom selben Mann. Und hastet noch einmal her und flüstert mehr, als er sagt: Einmal wegen Frisch. Max Frisch. Jaa. Das hat sie zwar nie gesagt, aber jeden wissen lassen, die Lynn in «Montauk» sei sie. Sie ist ja aus dem Brooklyn, weshalb Stanley Austin, der zuständig ist für Sarkasmus, sie Brooklynn getauft hat. Sie sei allerdings nation wide nicht die Einzige, die *Lynn* gewesen sein will. Jetzt schafft er den Abgang.

Droben im Zimmer ein UCLA-Kuvert, Absender Bruce Huber. Gedichte. Ziemlich viele. Und ein kurzer Brief. Da Sie's ohnehin erfahren werden, dass ich Gedichte schreibe, sollen Sie die besser gleich in Händen haben. Ob Sie sie lesen oder nicht, ist mir weniger wichtig, als dass Sie sie haben.

Ich ließ das Fernsehen über mich ergehen. Mir war mehr nach Fernsehen als nach Gedichten.

Der Professor weiß, wenn Gloria in ihrer Schule die Stelle als Counselor hat, wird ihr das nicht genügen. Sie wird promovieren wollen. Er sagt: Sie carri-ert sich weg von mir.

Die LA Times berichtet: Die Stadt lässt die Pappschachtelwohnungen an der Trade Street mit Bulldozern wegräumen, die Bewohner werden 100 Meilen forttransportiert, dort lässt man sie aussteigen. Beim Facultyessen sagt ein Historiker, das habe Gandhi in Indien auch so gemacht.

Meßmer unterrichtet Course #102. Jeder Kenner, dem du sagst, du unterrichtest 102, weiß, dass du ein Hängengebliebener bist. Ein Mann, näher bei 60 als bei 50, und unterrichtet 102. Da stimmt doch etwas nicht. Meßmer wundert sich selber darüber, dass er, wenn er gefragt wird, sich kein bisschen geniert zu sagen, er unterrichte 102. Ach, ich dachte, 249, sagte der emeritierte Latinist Clarence Quale, der sich immer am Kaffee-Automaten aufhält und über alles informiert sein will.

Voller Enthusiasmus, aber ohne Begeisterung spricht Meßmer vor seiner Klasse.

Die Wichtigkeit, die ich dem Gelingen meiner Veranstaltungen beimesse, ist angesichts der Bedeutungslosigkeit dieser Veranstaltungen grotesk, auf jeden Fall komisch.

Es würgt mich, als möchte etwas heraus. Aber leerer kann nichts sein als meine Seele. Der Äußerungsdrang ist phantomhaft.

Die Stundenschläge auf dem UCLA-Campus sind so stark, dass man, solange sie dröhnen, besser nichts sagt.

Nichts ist so unabschaffbar wie das Gefühl, dass man sich schämen muss, wenn man nichts nützt.

Die erste Abendveranstaltung, 42 Zuhörer. 2 Stunden, inkl. Diskussion. Keine besonders gute Idee, dieses Thema hier. Ein Nie-wieder-Thema. (Der Anteil der Gegenwart an der Geschichtsschreibung.) Nachher Empfang. Gloria fehlt; die 400 Stunden Praxis als Schulpsychologin, um zur Prüfung zugelassen zu werden. Aber es gibt immer eine Schöne. Die Messingblonde diesmal. Ihr Mann ist Wirtschaftsanwalt. Im Augenblick an der Ostküste. Sie in flachen Lackschuhen, alles in Schwarz, am Hals wird's zusammengefasst durch eine zirka 8 cm große Brosche in Form einer diamantbesetzten Schere. Wenn ich sie ansah beim Sprechen, sagte sie, mich unterbrechend, ich müsse auf die Frau schauen, der ich gerade antworte, oder sie müsse sich hinter diese Frau stellen. Eigentlich will sie uns, das heißt allen, die zu ihr hingewandt stehen oder die sie noch dazu bringen kann, sich ihr zuzuwenden, sie will allen erzählen, dass sie einen experimentellen Film gesehen hat über Sex und Gewalt in Hollywoodfilmen, leider kann sie nicht wiedergeben, was sie in diesem Film gesehen hat. Alle bestürmen sie, aber sie beharrt darauf, sie ist nicht prüde, aber das kann sie nicht wiedergeben. Sie fand diesen Film sehr, sehr gut. Ich fühlte mich angeschaut von Helen Hickenlooper. Es war ganz offensichtlich,

dass sie prüfen wollte, wie ich auf Sexundgewalt in Hollywoodfilmen reagieren würde. In der Abteilung hat mich Bruce Huber ihr vorgestellt, als hätte er mir vorher noch nichts über sie erzählt gehabt. HH, hatte er gesagt, sei ihr Initialwappen, und *unsere Komparatistin* hatte er sie genannt. Und sie hat der Vorstellung mit halb offenem Mund zugeschaut und hat ein Gesicht gemacht, als sei diese Vorstellung eine Prüfung, die sie beobachten und nachher benoten müsse. Und jetzt sah sie mich so an, dass ihr Gesichtsausdruck nur heißen konnte: Los, Stellung nehmen, zeigen Sie dieser blonden Schaluppe, dass in Ihrer Gegenwart dergleichen male-höriger Kitzelchauvinismus keine Chance hat. Los jetzt!
Sie sagte nichts, aber sie sprühte. Sie hat eine Blickkraft, die einem direkt aufs Gemüt gehen kann. Wenn sie es gut mit dir meint, ist dir geholfen; meint sie es anders mit dir, brauchst du Hilfe. Dunkle Augen. Eine schnurgerade Nase mit überraschend weiten Nüstern. Aber das Meiste macht offenbar der immer halb offene Mund. Zusammen mit der Blickkraft wird's ein Angriffsmund. Die Schneidezähne sind goldgerändert. So dünn gerändert, dass man noch einmal hinschaut, ob man sich getäuscht habe. Nein, sie sind feinstens goldgerändert. Ich fühlte mich, so von ihr angeschaut, hilflos. Ich bin doch Gast hier, kenn mich nicht aus, was soll ich denn sagen über Hollywood, Sex und Gewalt. Aber ihr Gesichtsausdruck hieß: Hier und jetzt ist überall, Sie sind gefordert. Zum

Glück fand ein junger Mann, eher klein und wie schon immer haarlos, dass er jetzt etwas Unaufschiebbares beizusteuern habe. Bevor er einsetzte, sagte er, dass er mir wahrscheinlich noch unbekannter sei als die Rückseite des Mondes. Er ist Stanley Austin, lehrender und praktizierender Psychiater. Er hat also einen Impotenten behandelt, erfolgreich behandelt, hat ihn hypnotisiert und ihm eingeredet, ein römischer Legionär gewesen zu sein, als solcher habe er besiegten Männern Geschlechtsteile abgezwackt, dafür müsse er jetzt leiden, habe er bis jetzt leiden müssen, jetzt wisse er das alles, jetzt könne er alles hinter sich lassen und sich seiner Potenz uneingeschränkt freuen. Und das hat geklappt. Er erzähle das hier nur, um zu hören, was sein unerbittlicher Moral-Sheriff Helen dazu sage. HH sagte, jede Heilung finde ihren Beifall. Aber die Messingblonde wollte ihre Sprechrolle zurück. Sie verlangt: Jeder muss in Disneyland gewesen sein. Das ist wichtiger, als in den San Bernardino Mountains auf künstlichem Schnee durch die Wälder zu brausen. Das sagt sie speziell zu dem frisch berggebräunten Goethe-Institutsmenschen. Amerikanische Volkskultur, bitte. Computergesteuert: Die Effekte dreidimensional. Da kriecht einem die Ratte wirklich über die Schulter. Die Leute schreien vor Angst. Einmal eine solche Reaktion bei Veranstaltungen des Goethe-Instituts! Das wünscht sich der Braungebrannte. Dann hat keiner und keine mehr Furchtbares zu bieten. Die Messingblonde belegt jetzt mit unendlich vielen Zoo-Details,

dass ihre Töchter Christa und Perla die tierzärtlichs-
ten Kinder sind, die es je irgendwo gab. Erstaunlich.
Diese gesellschaftserfahrene Schöne weiß immer
noch nicht, dass Berichte über fremde Kinder nur
erträglich sind, wenn Schlimmes berichtet wird. HH
schaut mich jetzt noch herausfordernder an als vorher.
Eigentlich schon höhnisch. Aber weil sie sieht, dass
ich mich, so herausgefordert, eher gelähmt fühle, greift
sie ein. Ich müsse doch jetzt, sagt sie ganz direkt zu
mir, Debbie fragen, wie sie für ihre Töchter zu zwei so
schönen Vornamen gekommen sei. Christa und Perla!
Ach Helen, rief Debbie, du bist schlimm. Sie gönnt
mir nicht die bescheidenste Pointe. Und Sie sind der
Einzige hier, bei dem ich sie noch anbringen kann.
Und HH, als trichtere sie einem schlechten Schüler
eine Regel ein: Ein Vorname christlich! Ein Vorname
jüdisch! Und das entspricht! ... Sie hörte auf und
lud Debbie mit großmütiger Geste ein, den Satz zu
vollenden. Und die tut's: ... das entspricht genau der
Zusammensetzung der Klientel meines Mannes. Dann
lachte sie. Fast ein bisschen verlegen. Ich schaute sie
möglichst hingerissen an. Was Helen darüber dachte,
war mir gleichgültig. Aber die übernahm ohnehin
sofort wieder die Führung. Sechzig Anwälte in fünf
Ländern. Und Debbie schnellstens: Auch in Santo
Domingo. Aber Helen duldete jetzt keine Ablenkung
mehr. Sie wolle nicht sagen, dass sie zu Herbert Meßmers Vortrag gekommen sei, um das, was sie jetzt
sagen müsse, zu sagen, aber zum Empfang sei sie nur

gekommen, um nachzufragen, ob es hier noch einen Menschen gebe, der PACT noch nicht beigetreten sei. Ich musste fragen, was PACT sei oder bedeute. Helen antwortete: PACT ist pact against children's therapy. Sie habe Aufnahmeformulare dabei. Von der nächsten Gruppe löste sich eine eher dicke Frau – oder wirkte sie nur dick, weil sie in einen ganz engen Anzug eingesperrt war? – und rief schon im Näherkommen, sie werde das nächste Mal auch den Auftragsblock mitbringen. Ihre Stimme war lauter als alles, was bis jetzt im Raum hörbar geworden war. Ella Farenthold, sagte sie zu mir, und Bruce Huber fuhr fort: Wife of Spencer Farenthold, unser Mediävist, den geniale Bastelarbeit abhält, an irgendeiner Abendveranstaltung teilzunehmen. Danke, sagte Ella Farenthold und ergänzte: Immobilienhandel. Und erklärt, der phantastische Boom des Immobilienhandels sei der stürmischen Zunahme der Scheidungen zu verdanken. Während die auf dem Campus zwei Stunden dahockten, um auf den sich verspätenden Guru Derrida zu warten, dass der dann seine Textanleihen aus Heidegger, Nietzsche und Freud herunterflüstere, verkauft sie tract houses. Professor Clarence Quale, der Emeritus vom Classics Department, der offenbar keine Abendveranstaltung auslässt, nickte und lächelte zu gar allem. Dadurch, dass er selber zu keinem hier diskutierten issue etwas sagte, beeindruckte er mich sehr. Er hörte noch lächelnd zu, als ich schon ging.

Die kleine Spinne, die sich in die Kloschüssel hinunterlässt, in die Meßmer gerade sein Wasser lässt. Er kann ihr nicht zurufen, sie solle sich nicht weiter hinunterlassen. Sie geht im Urin unter. Er kann sie nicht retten. Mit ihr geht eine Entwicklung von Millionen Jahren unter. Was hat diese Spinne nicht alles ererbt und gekonnt. Und dann ersäuft sie im Urin eines Gastprofessors, der zu viel schlechten amerikanischen Weißwein getrunken hat. So etwas kann einem passieren in dieser Welt.

Dann *Coogan's Bluff*. Don Siegel. Clint Eastwood. Ein Indianer, nur mit Schurzfell, hinter einem Felsen, frisst an einem Knochen das Fleisch ab, so wüst wie möglich, dann unten in der Wüste ein Jeep, der Sheriff, der Indianer hat ein Gewehr mit Zielfernrohr, er hat seine Hose und seine Schuhe unten verstreut, als Köder, aber er schießt schlecht, Clint Eastwood kriegt ihn, haut ihm das Gewehr in den Bauch, zündet eine Zigarette an, fährt ab mit ihm, der Indianer angekettet im Jeep, dann zu einer hübschen Ranch, es ist frühmorgens, da schläft sie noch, der Indianer wird an eine Säule gekettet, die das Vordach stützt, Clint Eastwood hinein, ans Bett, wohlig die Schöne, wird scharf, der Indianer schaut zum Fenster herein, sie aus dem Bett, zieht die Vorhänge zu, der Sheriff zieht sich aus, er hat vorher schon seine Zigarette vor dem Indianer ausgetreten, der hätte auch gern geraucht, dann nahm er den Schlüssel vom Brett über der Tür, er kennt sich aus hier, jetzt presst sie sich an ihn, sein muskulöser Oberkörper ist schon nackt, sie fragt nach dem Indianer, der hat seine Frau umgebracht, wie lange hast du ihn gejagt, drei Tage, sie stöhnt. Ich mache den Apparat aus. Weltherrschaftshumanität.

Als ich mein Zigarillo angezündet hatte, hatte die Messingblonde gerufen: Oh, Willem zwei, die hat mein Mann auch immer geraucht. Als er noch rauchen durfte.

Der Professor fragte, wie mir der Abend gefallen habe, ich sagte, es sei ein vielversprechender Abend gewesen, er lachte, fand meine Einschätzung realistisch, bedauerte aber, dass Dean Dine, sein emeritierter Doktorvater, nicht habe kommen können. Der habe aus Griechenland einen Virus mitgebracht und sehe, sage er, momentan aus wie Franz Josef Strauß nach dem zwanzigsten Glas Bier. He's our historic landmark. Dass Irene, des Emeritierten dritte Frau, nicht gekommen sei, werfe er, Bruce Huber, sich vor. Da habe er versagt. Nicht richtig geworben. Er habe gedacht, der Name Meßmer genüge. Und für den Emeritus stimme das auch. Der habe es offenbar Irene nicht richtig weitergesagt, wer Herbert Meßmer ist. Also das macht Bruce wieder gut. Beim Emeritus selbst. Der Emeritus ist ein MUST. Verheiratet mit einer dritten Irene. Alle Dean-Dine-Frauen hießen Irene. Allerdings wisse niemand, ob diese Frauen schon Irene geheißen hätten, bevor sie Mrs. Dean Dine wurden. Denkbar sei, dass Dean eine Frau nur heiratete, wenn sie sich Irene nannte, weil sich das auf Dean reimt. So sei eben alles beim Emeritus: larger than life.

Bruce Huber hat ein Kindergesicht, das er mit einem rötlichen, an den Rändern grau werdenden Bart umrahmt. Es ist weniger als ein Bart. Ein Saum ist es. Ein Bart würde zu diesem schön schmalen und unwirklich zarten Kindergesicht nicht passen. Je öfter man Bruce Huber sieht, desto mehr muss man ihn für diesen Einfall, sein Gesicht so zu säumen, bewundern. Und genauso unübertrefflich richtig die randlose Brille. Seine Haare lässt er so schneiden, dass es Stehhaare werden. Weil Meßmer sich in Selbstbeherrschung übt, verschweigt er, dass Tacitus mitgeteilt hat, die Sueben richteten ihre steilen Haartrachten nicht her, um zu gefallen, sondern um größer zu erscheinen, größer beim Kämpfen. Dem Auge des Feindes galt ihre Haartracht. Aber vielleicht würde es den Professor freuen, sich seiner Haartracht bewusst zu werden.

Die Messingblonde hat angeboten, den Gastprofessor durch L.A. zu fahren, falls er Interesse habe.

Der Gastprofessor hat gesagt: Interesse schon, aber leider keine Zeit. Das Seminar und der Kurs, das sei viel für den pädagogischen Amateur ... Solchen Verhinderungsunsinn hatte ich herausgequetscht. Zum Glück. Leider. Wie sie das nacherlebt hatte, die dreidimensionale Disneylandratte kriecht ihr über ihre Schulter. Wie sie da schauderte, vibrierte. Das würde doch für ein Leben reichen. Für ein Leben hier ...

Nirgends das Leben anfangen lassen. Es überall nur wecken und abhauen. Dieses Wellenreitergefühl haben. Schaumkronendasein. Meßmer möchte Gischt sein, nicht Wasser.

Meßmer hat immer Angst, seine Frau rufe, sobald er an sie denke, an.

Bruce Huber, deutlich erkältet, also muss ich fragen, also muss ich erfahren: nicht erkältet, Katzenallergie. Die erste habe noch nichts gemacht, aber die zweite. Jetzt stehe eine dritte bevor.
Gloria sage: Die St. Ana Winds mit den Pollen aus der Wüste. Er aber wisse: die zweite Katze. Und er ist machtlos. Die dritte wird kommen. Ich bedauerte ihn vorsichtig.
Vorsichtig, weil es möglich war, dass er mit dieser

Mitteilung nur die Tierliebe seiner Familie rühmen wollte.

Im Hotel erwartete mich ein großes dickes Kuvert. Ein UCLA-Kuvert. Schon im Aufzug sah ich, von wem: Helen Hickenlooper. Es waren Gedichte. Eine ganze Ladung Gedichte. Ich musste sofort lesen. In Deutsch und Englisch. Die Muttersprache ihrer Mutter ist Deutsch. Die deutschen reimten sich. Eile / Langeweile, Wahn / Schwan, Fensterbank / Trank, Verehrerin / Lehrerin, Fluch / Buch, Hort / Wort, entzündet / verkündet, Steiß / Fleiß, Bösen / Pleureusen, Reigen / Schweigen, packte / nackte, Schmetterling / Nasenring, unvergleichlich / reichlich, deutet / häutet, lechze / ächze, tippt / Skript, Herzen / merzen, Lunten / drunten. Bogen / Wogen.

Rhythmisch eher einfach. Von Heinrich Heine unterwegs zu Rilke, ihn dann aber nur flüchtig berührend. Ein immer wieder glückender Verrat alles Romantischen an die Pointe. Dadurch kam's zu keinem Geheimnis, sondern zu lauter Einsichten, die man gern teilte. Für Englisch war ich zu müde.

Ich fühlte mich beim Lesen von HH beobachtet. Sie ist weder Mann noch Frau. Sie ist ein Engel. Aber kein friedlich sinniges Engelsgeschöpf, sondern eben ein Kampfengel. Immer diese zwei Kreuze um den Hals. Das große hängt ihr in die zwei Knöpfe weit offene Bluse, das kleine bleibt an einem Kettchen eng am Hals. Aber Bluse kann man, was sie jeden Tag und jeden Abend in wechselnden Farben und Mustern überwirft, nicht nennen. Diese Überwürfe sind immer aus der Dritten Welt. Mexiko, Afrika, Asien. Und Helen ist eher klein, die Überwürfe reichen ihr immer fast bis zu den Knien. Nach den aus den weiten Überwurfärmeln herauskommenden Armen zu schließen, ist Helen schlank oder gar dünn. Sie gönnt uns ihre Figur kein bisschen.

Nach den Gedichten las ich ihr Briefchen. Lieber Kollege, hier die mir heiligen Verse. Sie dürfen sich, wenn Ihnen danach ist, trotzdem darüber lustig machen. Mir genügt schon, wenn meine Gedichte besser sind als die von Bruce Huber. Und das sind sie. Sollten Sie das nicht finden, wäre ich an einer Beweisführung doch sehr interessiert. Meine Mutter ist schuld, dass ich auch deutsch dichten muss. Sie hat ihre Sprache als Erste bei mir durchgesetzt. Inzwischen taugt sie (die Muttersprache) mir zu nichts mehr als zum Dichten. Ich bin da eine Sprachastronautin, die um ihre Spracherde kreist, ohne sie je betreten zu können. Rühren soll Sie das nicht. Sie wissen, I feel at ease. Yours truly, HH.

Meßmer erlebte es wieder einmal. Dichten ist ansteckend. Hingesetzt und geschrieben.

Der Eucalyptus blüht. Die Kiefernnadeln
glühen grün. Mit roten Wunden prangt
jeder Strauch. Ein junger Wind übt
an Bananenstauden. Die Greisin geht
in viel zu großen weißen Stulpenstiefeln
über den Boulevard, voller Respekt
neigen die Autos sich bremsend vor ihr.

Aber zum Reim reicht's dir nicht.

Wär' ich, wie ich bin, künstlich,
unzerstörbar, wüsste nur, was
weiterführt, ohne zu wissen, woher,
hätt' ich doch keine Ahnung, was
fallende Blätter bedeuten und was
Zeilen, die enden in einem Punkt.

Überall: wie konnte nur so ein Wort entstehen? Every-
where ist nicht besser, aber vernünftiger.

Clarence Quale am Kaffee-Automaten heute zu HH:
Seine Tochter fliegt gerade zu Wolkenaufnahmen
nach New Orleans, weil es in Kalifornien zu wenig
Wolken gibt. HH, fast schrill, aber ganz seriös: Das
könne sie bezeugen, die Wolken in New Orleans

seien unsurpassed. Und rief ihm noch nach: Give my love to Sue.

Abends immer zwei Schlangen. Eine vor dem Kino, eine vor dem Eisshop. Die Studenten, die ihr Eis haben, liegen und hocken auf Treppen und Rasen und Bänken herum. Das Eislutschen verbindet sie wie der Gesang einen Chor. Sie lutschen im Chor.

> In einem Wald aus Wünschen wandern,
> keinen Rand erreichen,
> einladend fürs Licht,
> knien im Sprachlaub.

Das Quälende der intellektuellen Arbeit, dass sie nichts mit der Ernährung zu tun hat.

Faculty Dinner. Mehrere versuchen, Herbert, wie sie ihn jetzt nennen, ins Gespräch zu ziehen. HH versucht es am hartnäckigsten. Als Bruce gesagt hatte *unsere Komparatistin*, hätte Meßmer am liebsten geantwortet: Meine Frau ist auch Anästhesistin. Aber er hatte sich beherrscht. Bruce Huber war wohl nicht im Stande, eine Schlangenfarmbetreiberin, die sehr viel Geld macht mit dem Gift, das sie den Schlangen abnimmt und der Pharmazeutik zur Verfügung stellt, und eine Anästhesistin in einer Person unterzubringen.

HH erklärte, was eine University Federation sei. Meßmer hörte aufmerksam zu. Da er nichts zu sagen hatte, wollte er wenigstens aufmerksam zuhören. Aber sie sagte, Herbert langweile sich. Dabei hatte er zwar ohne Interesse, aber doch nichts als eifrig zugehört. Stanley Austin sagte, als gehöre das unmittelbar zu dem, was HH gesagt hatte: Der letzte Botschafter der DDR in Bern habe Glas geheißen. HH darauf geradezu gefährlich leise: Is that all that's clear about him. Und fuhr fort: Manchmal zweifle sie daran, dass Fromms Beschreibung des analen und sadomasochistischen Charakters des deutschen Kleinbürgers wirklich nur auf den deutschen Kleinbürger beschränkt sei. Und sah Meßmer an. Der wollte sagen: Meine Frau ist auch Anästhesistin. Aber weil das nicht gepasst hätte, sagte er nichts. Er wusste, wenn er jetzt etwas sagen würde, würde er zu viel sagen. So viel, wie er jetzt sagen würde, gehörte hier einfach nicht her. Küss die Hand, sagte er, als wäre er ein Österreicher. Das kam bei allen gut an, aber bei Helen überhaupt nicht. Sie sagte: Shit. Bruce fing virtuos ab: Reimt sich auf wit. Stanley Austin nahm zu jedem Gang des Dinners andersfarbige Tabletten aus verschiedenen Glasröhren. Stanley ist mehr als blass. Perlmuttfarben etwa. Bis er selber drankommt, lächelt er bereitwillig. Auffällig ist, wie unfrei er sich bewegt. Jede seiner Bewegungen stößt an unsichtbare, ihm aber offenbar scharf oktroyierte Grenzen. Er wirkt wie ein alter Professor, obwohl er bei weitem noch keine vierzig ist. Ein alter Professor schimmert durch. Bei einem ersten Gespräch hatte er Meßmer gesagt, er habe nicht gewusst, ob das Buch, an dem er neun Jahre gearbeitet habe, irgendjemand haben wolle. Meßmer hatte sich nach dem Titel erkundigt. The Fucking Cure. Inzwischen hat Meßmer mitgekriegt, dass Stanley den Titel seines Werks enthusiastisch gern aussprach. Alle kannten das Buch, alle bewunderten es. Helen hatte Meßmer vorgeschlagen, das Buch ins Deutsche zu übersetzen. Stanley sei zwar erbärmlich charakterschwach, aber eben ein Genie. Als deutschen Titel schlug sie vor: Heilung durch Paarung. Schlecht, dachte Meßmer, wagte aber nicht zu sagen, dass er Gesundficken besser fände. Stanley weiß, dass er bei jedem Anlass mindestens einen Fall spenden muss. Beim Fakultätsessen bot er einen Neunundzwanzigjährigen, der nicht und nichts mehr konnte. Den hat er dazu gebracht, dass er vor drei Tagen vor dem Stab des Health Department sein Problem frei und furchtlos referierte. Und zwar so. Jetzt stand der eher kleine Stanley auf und krähte richtig schräg nach oben: Let's speak about constipation. Why do I mention a word here out loud which I, up to now, just whispered to my sweetheart only in our bedroom.

Alle lachten, Stanley setzte sich und lächelte wie ein Kind, das gerade alle Erwachsenen durch einen Purzelbaum begeistert hat. Oder, dachte Meßmer, wie ein Kind, das gerade in seinen Topf geschissen hat, das Ergebnis stolz präsentiert, wissend, dass die Erwachsenen ihn jetzt wegen des gelungenen Großen Geschäfts stürmisch loben werden.

Gloria kennt den Wortschatz ihres Mannes. Wenn er von einer Studentin sagt: Die ist ganz schön, dann muss sie aufpassen. Wie kann dieser Mann an andere Frauen denken, wenn er diese schöne, regsame, ehrgeizige, erfolgreiche, liebreiche, hochgescheite und haustüchtige Frau hat? Der sucht nach etwas, was er nicht hat, nach einer generell Mittelmäßigen. Zum Ausruhen. Die Namen der drei Kinder sind aus dem Showbiz. Das sagen sie selber, er und sie. Natürlich fragen sie nach Meßmers Kindern. Drei, sagt er, Söhne. Zwei heißen Kurt, einer Karl. Warum heißen zwei Kurt? Sie wollten unbedingt einen Kurt. Dem ersten Kurt gaben die Ärzte keine Überlebenschancen. Jetzt lebt der aber immer noch. Und was machen die Söhne? Einer ist Vielteilchenphysiker, einer im Gefängnis, der dritte kann sich für nichts entscheiden. Meßmer merkt, dass diese Familiensaga ihn nicht unsympathisch macht.

Entkommen sein möchte man. Sei es zu Büschen, Fischen, schlecht gebauten Häusern oder gut gebauten. Es gibt Zimmer, in denen bin ich wie sicher.

Ich mache mir nur an der NY Times die Finger schmutzig. Ich gehöre zu den Leuten, die sich nur an der NY Times die Finger schmutzig machen.

In der Lounge kommt eine auf mich zu: You wouldn't happen to be Mr. Heller? Ich bedauerte wirklich. Was hätte das für Folgen bei Hitchcock.

Der Überfluss will andauernd von dem ablenken, was er ist.

Außer mir und ein paar schwarzen Kindern ist niemand auf der Straße. Alle fahren Auto.

Was man weitersagen kann, ist erträglich. Das Sterben kann man nicht mehr weitersagen. Da muss man etwas hinnehmen, worüber man nicht mehr sprechen kann. Man kann nachher keinem mehr sagen, wie es war. Das ist das einzig Schlimme am Tod, dass er das letzte Wort hat und dass das keins mehr ist.

Er lehnte es ab, durch Kleider etwas erträglicher machen zu wollen. Er würde sich nicht umbringen. Niemals. Das Leben ist schön. Man kann die Füße sehr hoch legen. Zur Decke starren. Das Leben ist sogar sehr schön. Einerseits sind die Toten beneidenswert. Sie haben es hinter sich. Andererseits sind die Lebenden auch beneidenswert. Alles ist beneidenswert. Besonders du.

Weil er sich dafür verachtet, dass er überhaupt erzählen muss, erzählt er dieselbe Geschichte drei- oder viermal, aber jedes Mal anders und nie so, wie er sie erlebt hat. Er sehnt sich nach nichts als nach der Fähigkeit, schweigend unter Leuten zu sein und zuzuhören, zur Kenntnis nehmen zu können, was gesagt wird, und damit zufrieden zu sein, egal, was gesagt wird.

Ihm war seine Hässlichkeit nicht zuwider. Er sah, dass er für jeden außer für sich selber unannehmbar war. Dass seine Frau ihn angeblich nicht nur ertrug, sondern gern ertrug, vielleicht sogar mochte, sprach gegen sie. Alles an ihm war alt. Seine Anzüge! Nur noch Chruschtschow hatte solche Anzüge getragen. Am liebsten sah er sich als Chruschtschow. Er hatte zwar nicht diese rundliche, gefährliche Verschmitztheit. Wie ein ungefährlicher Chruschtschow wirkte er. Fand er.

Trauer dringt durch jede Wand, dann wird sie aufs Papier gelenkt, da soll sie enden.

Wie sich aus allen eine plötzlich heraushebt. Nur noch diese braunen Beine von den sehr kurzen schwarzen Hosen abwärts zu den blassvioletten, sehr flachen, aber glänzenden Schuhen. Sie gab ihm als Erste die Hand. Sie streckte ihm ihre Hand hin. Er ergriff sie. Sah ihr ins Gesicht. Sie ihm. Die meisten sahen hochkonzentriert an ihm vorbei, als sei es ihre Aufgabe Nummer 1, in keinen Blickwechsel mit dem Gastprofessor zu geraten. Gut, sollen sie. Ihn interessierten ohnehin Brüste und Beine mehr als Gesichter.

SIE gestern, in der Sprechstunde, dass Meßmer kein bisschen wie ihre Mutter spreche. Spricht jemand wie ihre Mutter, hört sie sofort nicht mehr zu und weiß nachher nicht, was der gesagt hat. Auch Männer können auf diese Frequenz verfallen. Es ist eine Frequenz, auf der man geheißen wird, das und das zu tun und das und das nicht zu tun. Sie ist auf dieser Frequenz unerreichbar und hält es für ein Glück, dass diese Frequenz bei Meßmer nicht vorkommt.

Diese Tage sind aus Seide, berührt vom warmen Wind.

Offenbar ist jeder Mann eine Parodie des Männlichen.

The sex-driven-male. Er hofft, jeder Gastprofessor sei the sex-driven-male. Er ist aber auch der, der sich nicht darum kümmert, wie, was er gerade betreibt, ausgeht und wer oder was dabei draufgeht. Er ist das Realitätsprinzip. Das er nicht flieht.

SIE in der Sprechstunde, dass sie bei Professor Huber über das Color-Purple-Buch referieren musste. Von den drei Erwähnungen des Titels hat sie die dritte, beim frog, als ein Bild für die männlichen Genitalien interpretiert. Der Professor habe das brummend mit Kann-schon-sein quittiert. Aber eher ablehnend. Und das erzählt sie uns in der Abgeschlossenheit des Office. ER ist wütend, dass ICH so ausweichend blieb, dass ICH nicht nur keinen Gebrauch machte von diesem Motiv, sondern sofort so weit wie möglich wegstrebte davon. Mümmelnd, mampfend, verlegen, aber verbergend, dass ICH verlegen war.
Er: Hättest du wenigstens zugegeben, wie verlegen du warst wegen dieses bisschens Sexualstoff. Dann hätte sie vielleicht gelacht, dann wäre nämlich ER eingesprungen und hätte endlich die Führung übernommen.
Hör auf, sagte ICH.
Er: Heute morgen hat sie uns zu Thanksgiving eingeladen. Was machen Sie an Thanksgiving?
Ich, sofort: Meint SIE die drei Tage oder nur den Turkeyfressabend! Gemeint war doch: zu ihren Eltern heim. Damit ist doch alles gesagt. Zu ihren Eltern!

Er sagte nichts mehr.

Ich sagte: Das ist ausgestanden jetzt, ja?!

Er: Lass mich in Ruhe, ich will nur noch fernsehen.

Mein Gesicht will abwärtsfließen, wird gestaut durch den Mund, zieht den Mund links und rechts hinab.

Der Blick dieses seine Brüste zelebrierenden Mädchens. Und andauernd zieht sie das rutschende Leinenkleid über die sich sträubenden Hügel. Sie schaut einen an, als wisse sie, was man, wenn man sie anschaut, denkt. Dabei – das weiß man sicher – weiß sie das nicht.

Man wird, wenn man länger allein ist, unwillkürlich feierlich oder säuisch. Man möchte auf irgendeine Art verkommen.

Das Notieren ist das provisorische Abdichten eines Lecks bei einem Schiff, das untergehen wird. Man braucht eine Beschäftigung.

Clarence Quale, der Emeritus vom Classics Department, stellt mir am Kaffee-Automaten einen Professor

Tom Walker vor. Ich sehe, wie der mir Vorgestellte förmlich versteinert, denke: Was habe ich bloß getan! Drehe mich rasch zu dem zwei Meter weiter laut lachenden Professor Huber hin und höre noch, wie Tom Walker zu Clarence Quale sagt … I'm Donald Weinstein. It's the second time you are introducing me as Tom Walker. In mir produziert sich, was E. A. Poe aus diesem Vorgang gemacht hätte. Und dann: Was soll ich daraus machen? Clarence Quale ist längst emeritiert, aber er sagt, er halte es zu Hause nicht aus. Meistens steht er am Kaffee-Automaten herum und knüpft Gespräche an.

Am frühen Vormittag ein Mehralsgeräusch, sehr regelmäßig und nur durch die Laute der Frau hörbar. Die werden immer höher. Aber als sie dann immer noch steigen, wird klar, dass da jemand ein Fenster putzt mit einem Fensterleder und an einer Stelle so heftig reibt, dass es dann nur noch fiept, aber da wird auch schon klar: Das ist kein Fensterleder, sondern eine Taube, oben am Rand des Lichtschacht-Innenhofs, der Luftschacht-fast-Innenhof verstärkt dieses rhythmische Gurren ungeheuer. Und dann wird schließlich durch die Art des Ausklingens klar, dass es sich doch um einen vormittäglichen Hotel-GV gehandelt hat.

Hotelschriftstellerei.

Mein Zimmernachbar wird immer angerufen und ist nie da. Ich bin immer da und werde nie angerufen.

Der Gast bemerkt, dass es ein System von Informationen über ihn gibt. Alles, was er tut oder sagt, wissen alle. Auch Leute, von denen er noch nichts weiß. Er trifft jemanden zum ersten Mal, und der sagt gleich: Ach, Sie sind gestern in Santa Barbara hängengeblieben. Nein, vorgestern. Aber gestern waren Sie schon wieder in Santa Barbara. Ich sage, als erkläre das alles: Es hat geregnet. Und, tatsächlich, mit dieser Art Antwort komme ich durch. Vorerst. Ein wirklich schönes Gefühl. Nur nicht leichtsinnig werden jetzt. Ach was, jetzt werde doch endlich ein bisschen leichtsinnig!

SIE in der Sprechstunde. Vor Nicht-in-Frage-Kommen möchte man vergehen. Also das möglichst rasch hinter sich bringen. Also den Anschein produzieren, als sei in dieser Welt nichts ernst zu nehmen. Ihre Pseudoprobleme mit echten Pseudoantworten abspeisen. Alles ist möglich. SIE soll machen, wozu SIE gerade Lust hat. SIE merkt sofort, dass das ihre Aufgabe unendlich erschwert. SIE will eine Anleitung, der SIE folgen kann. Eine Einengung auf eine fest umschriebene, ihren Fähigkeiten angepasste Aufgabenstellung. Sein Angebot, dass es auf nichts ankomme, dass alles möglich sei, weist sie scharf zurück. SIE zwingt ihn, es genau zu nehmen, zu reden, als säße SIE nicht leicht und lässig auf dem Stuhl, die Beine geöffnet, den Pappbecher mit Kaffee von beiden Händen gehalten mittendrin.

Er hört inzwischen nicht mehr auf zu reden. Er ist nach einer halben Stunde heiser. Dass er nicht mehr kann, ist für ihn eine pathetische Weisung, doch ja weiterzureden. Da, wir sehen's doch, er kann nicht mehr, aber was tut er? Das Unmögliche. Er redet weiter, ohne auch nur das Geringste zu sagen zu haben. Der Alkohol? Das Alter? Das Alter plus Alkohol? Ältere als er, die deutlich mehr trinken als er, stehen dabei und lächeln ausdauernd.

Sieht er nicht die fürchterliche Geduld, die sie ihm gegenüber aufbringen? Schämt er sich, wenn er sich schon vor mir nicht schämt, nicht wenigstens vor denen? Er redet nur über sich. Das ist überhaupt seine Rechtfertigung. Es geht ihm um ihn. Er könnte, wenn er jetzt nicht weiterredete, nicht weiterleben. Also, bitte. Was ihm da gestern Abend wieder passiert ist! Es ist immer nichts passiert, aber er erzählt es, als sei etwas passiert. Da kommen doch die solicitors, die von den Zeugen Jehovas, und in dem Moment huschte eine graue Katze, bevor das elektronisch bediente Tor ganz schloss, in die Garage, also musste er wieder öffnen, die Katze war unter seinem Auto, wie sie hervorbringen, sie einschließen, ins Haus gehen, sie mit einer Nacht Garagenarrest bestrafen, weil sie hereingehuscht ist und sich nicht mehr unter dem Auto hervorlocken lässt, er brachte das nicht über sich. Er erzählt immer, dass er etwas nicht über sich bringt. Das, glaubt er offenbar, spricht für ihn, dass er etwas nicht über sich bringt. Aber er erzählt es natürlich so, als hasse er sich dafür, dass er dergleichen nicht über sich bringt. Und dass er sich dafür hasst, glaubt er auch offensichtlich, spricht noch mehr für ihn. Das ist überhaupt ein Erzählprinzip bei seinen Suaden. Zu erzählen, was gegen ihn spricht, damit es für ihn spreche. Wie lange muss er jetzt in der Garage um das Auto herumrennen, wie oft mit seinen Füßen auf den Betonboden stampfen, wie oft sich bücken und wie tief, und alles umsonst. Also rennt er hinaus, sucht einen Ast, einen Prügel, um das widerwärtige Tier, das mit riesigen Angstaugen unter seinem Auto hockt, durch möglichst grobe Berührung zu verjagen. Erst jetzt, als er mit einem Stecken, den er zwischen den Latten des Zauns zum Nachbarn durchzog …

An dieser Stelle kann es sein, dass der Nachbar drankommt, die Katze vergessen wird, weil des Nachbars Frau Hautkrebs hat, der so angefangen hat wie das, was er selber auf seinen Unterarmen entdeckt. Bitte,

hat hier jemand ähnliche Hautstellen? Nach Frauen-
unterarmen greift er jetzt ganz direkt und hält sie
neben seine mäßig behaarten, eher schwächlichen
Unterarme. Hautkontakt inklusive. Er weiß, dass er
Hautkrebs hat, aber er will es nicht wissen. Sagt er.
Kurzum, er ist der ärmste, reichste, kränkste, gesündeste, der schwächste und der stärkste Kerl der ganzen
Welt. Mehr will er ja gar nicht sein. Das wird er doch
wohl noch sagen dürfen. Allen sagen, die, wenn sie sich
dafür nicht interessieren, das längst hätten zum Ausdruck bringen müssen. Das wäre doch wohl die nied-
rigste Gemeinheit, Interesse zu heucheln, wo keins ist.
Es stiehlt sich ja immer wieder einer weg. Er tut, als
bemerke er es nicht. Es provoziert ihn aber zu noch
heftigeren Erzählanstrengungen. Das wollen wir jetzt
doch einmal sehen. Allerdings, wenn die letzte Frau
aus dem Kreis der Zuhörer verschwunden ist, ver-
stummt er. Sozusagen jäh. Dann sagt er, zu Clarence
Quale gewendet, er fürchte, er habe Männern nichts
zu sagen. Clarence Quale lächelt. Und trinkt. Jetzt hat
er überhaupt nichts über die Hunde des Nachbarn
erzählt. Der eine ganz blind, der andere fast. Dass es
ihm nichts ausmacht, von mir durchschaut zu werden!
Nachher, wenn wir mit unserer Entzweiung wieder
allein sind, sage ich zu ihm: Du würdest jede nehmen.
Er: Stimmt. Aber wieso ist das vorwerfbar?
Ich: Was soll denn das? Nur dass es nachher noch ein
bisschen weher tut? Wir sind jetzt doch schon ganz
schön angeschlagen.

Er: Du und angeschlagen.

Ich: Gut, komm, gehen wir in die Abteilung, holen die Undergraduate-Liste heraus, notieren die drei bis sechs Telephonnummern, die für Angequatschtwerden überhaupt in Frage kommen.

Das sage ich, weil ich weiß, dass er dazu nicht im Stande ist. Das will ich ihm demonstrieren.

Du willst sie doch auch, sagt er.

Ich: Wen?

Er: Jede.

Ich: Du tust alles, jede merken zu lassen, dass du sie willst. Ich tue alles, jede merken zu lassen, dass ich sie nicht will. Und überhaupt: Ich will nicht jede.

Er: Ich doch auch nicht.

Ich: Weiß ich doch. Wir wollen ja beide dasselbe, nur will ich es nicht wollen, und du willst es. Velle non discitur, gell. Du willst ja auch vor allem eine. Eine bestimmte. Das ist der Wahnsinn. Chris! Der die weißgold glänzenden Haare aufs Hemd fallen. Und unter den weißgoldenen, also rein platinfarbenen Haaren schimmert dunkles Braun. Zuerst reichen ihre braunen Beine aus blauen Turnhosen bis in die Turnschuhe, eine Viertelstunde später kommt sie, die Turnschuhe in einer Hand, hat jetzt eine beige Hose an, nicht mehr ganz so kurz, ein viel edleres Gewebe, und die Platinhaare fallen jetzt auf ein schwarzes Hemd, und die Füße sind in feinsten Hellcognac-Schuhen mit fast flachen Absätzen.

Er: The sex-driven-male!

Er sagt, dass er nicht zurechnungsfähig sei, wisse er selber.

Deshalb die Entzweiung, sage ich. Ich will nicht blau werden vor Angst, dass gleich geschieht, was ich möchte, dass es geschehe.

Schließlich einigt uns die Aussichtslosigkeit. Die Trennung schmilzt. Aber immer noch bleibt spürbar, dass er die Aussichtslosigkeit anders empfindet als ich.

Am nächsten Tag fehlt SIE.

Er: Da hast du's. Ist doch klar. Gestern blieb sie sitzen, bis alle anderen draußen waren. Und du! Du Erzdepp. Du gehst nichts als hinaus. Lässt sie sitzen.

Ich: Ich sage dir, warum sie heute nicht in die Klasse kam. Sie schläft jetzt mit dem, mit dem sie die Nacht verbracht hat, tief in den Tag hinein. Wenn du sie in diesem Augenblick sähest, könntest du ihre Glieder nicht von seinen unterscheiden.

Er: Hellseher.

Ich: Verglichen mit einem Blinden, bitte.

Er: Sex-driven-male halt.

Ich: Morgen spreche ich in der Klasse über einen Rousseau-Gedanken: Alle Vorkehrungen beweisen nur, wie nötig sie sind. Und: Man sucht keine Mittel gegen nicht vorhandene Übel.

Er: Spielverderber.

Ich: Wenn schon, dann Ernstverderber.

Er: Ich spreche morgen über Freud: Abreagieren oder ungehemmte Assoziationsverarbeitung, sonst pathogen.

Ich: Zu spät.

NY Times: HAVE IT ALL NOW. There is absolutely no reason why you can't have it all now.

Den Abend verlängern. Nicht ins Bett. Lippenschmatzen, tränenweinen, haareraufen, brüstefeiern, schenkelverklären, papierfressen, grölen, schweigen, den Anständigen spielen.

Dass es Menschen gebe, die verschieden alt sind, ist ein Irrtum, verbreitet von Jüngeren. Solange ein Mensch lebt, ist er gleich alt wie alle anderen Lebenden.

Das Altwerden beziehungsweise seine Folgen wirkten, wenn man sie gestünde, wie eine Niederlage.

The more you buy the more you save.

SIE wollte um 2 Uhr 30 da sein. Nach all den Verrenkungen, die ihr vorgeführt wurden, bleibt SIE jetzt endgültig weg. Ich, froh.
Er, deprimiert.
Ich: Ich glaube dir nicht, dass du etwas willst von ihr. Du kannst es dir nur leisten, so zu drängen, weil ich alles verhindere. Sobald ich dir den Weg freigäbe,

würdest du kein bisschen mehr drängen, sondern so ängstlich zurückweichen wie ich.
Er: Also, geh weg, lass mich doch.
Ich: Ich weiß, dass du nichts unternehmen würdest.
Er: Also los, hau ab jetzt! Weg mit dir.
Ich: Ich kann nicht.

SIE hat einen offenen Schritt, einen beim Gehen andauernd sich öffnenden, einen empfängerischen Schritt.

Verbot, Verbot, Verbot. Der Lebenswunsch hört auf nichts als auf sich selbst. Er rennt in jede Richtung. In viele Richtungen gleichzeitig. Er ist weder durch Logik noch durch Ethik, noch durch Komik zu bändigen. Vernunft ist ihm fremd. Er ihr.

Gestehen ist alles.

Gestehen genügt nicht, du musst lügen.

Wenn du ausweichst, verfolgt dich das, wovor du ausweichst.

Das Geschlecht ist nichts Persönliches. Es ist das schlechthin Öffentliche, ist für alle da. Bediene sich, wer kann. Bediene, wen du kannst. Daraus entsteht nichts. Wir kommen zusammen für die kürzeste Zeit und gehen, als hätten wir gegessen, getrunken, die Hände geschüttelt. Ja, das haben wir, die Hände geschüttelt, heftig sogar; nicht aufhören konnten wir, einander die Hände zu schütteln. Also in der Stunde danach hat keiner von uns beiden das Bedürfnis gehabt, jemandem die Hände zu schütteln. Wir hatten vom Händeschütteln wirklich genug. Aber dann waren wir auf einmal wieder bereit und willens, sogar scharf darauf, jemandem die Hände zu schütteln. Mehr ist es nicht. Ob am Strand des Ozeans, auf dem Gebirgskamm oder in der mit Samt ausgeschlagenen Schachtel eines Zimmers, mehr ist es nicht. Aber das genügt ja. Ja, das genügt.

Hast du's mit den Sätzen schwer, wenn du die Sätze mit sich selber oder nur wenn du sie von dir sprechen lässt?

HH kannte das Wort surcease bei Poe nicht.

Bösartigkeit ist eine Rache dafür, dass man nicht kann oder nicht darf.

In der Lounge sitzt jetzt immer einer im Rollstuhl an dem Weltraum-Elektronik-Spiel. Man hört die Schüsse, die er feuert.

HH am Kaffee-Automaten: Literaturgeschichte ist Ideologieforschung. In der Regel wird der veränderbare antagonistische Charakter einer bestehenden Gesellschaftsordnung beziehungsweise -unordnung geleugnet. In keinem Roman arbeiten die Menschen wirklich. So HH.

Der Abend, der ein MUST war, beim Emeritus Dean Dine, dem Doktorvater. Sogar Gloria hatte diesen Abend von Abhaltungen freigeschaufelt.

Als der Professor aufs Gaspedal trat, sagte Gloria: Don't be fuelish.

Bruce hatte mir gesagt, dass der riesige Wohnraum des Emeritus beherrscht werde von einem riesigen Portrait von Billy Wilder. Der Emeritus sei befreundet mit Wilder und sei dabei, eine historisch-kritische Ausgabe der Wilder'schen Drehbücher vorzubereiten. Nobody's perfect, hatte ich dümmlich gesagt. Dann war ich aber froh, dass Bruce mich vorbereitet hatte.

Der Emeritus schmunzelte. Ich müsse weder Über-
raschung noch Bewunderung abliefern, er wisse, dass
Bruce leider jeden Besucher präpariere, sodass glaub-
würdige Reaktionen auf die Wilder-Wand nicht mehr
zu erwarten seien. Und so einem Verräter habe er
testamentarisch seine Goethe-Ausgabe letzter Hand
zugedacht und die erste Heine-Ausgabe, die in Philadelphia in Heines Todesjahr herauskam, und eine
Rousseau-Ausgabe aus dem Hause Mendelssohn, von
Mendelssohn selber signiert. Als der Emeritus nach
dem Essen wieder berichten wollte, dass er Bruce die
Goethe-Ausgabe letzter Hand zugedacht habe, rief
die feenhaft junge, geradezu verwunschen lieblich aus-
sehende Irene drei: Das hast du Herbert doch schon
erzählt, Dean, du wirst senil.
Emeritus: Wirst!! Schmeichlerin!
Irene: Ist er nicht göttlich!
Emeritus: Sagt sie, und jeder weiß, sie ist Atheistin.
Aber ich hätte jede seiner Mitteilungen gern auch zwei-
mal gehört. Das ließ das goldblond eingewachsene
Geschöpf nicht zu. Goldene Wimpern. Ein Näschen,
zu dem einem nichts als Marzipan einfallen konnte.
Und angezogen wie eine schwedische Kinderbuch-
illustration aus dem 19. Jahrhundert. Eine Zierlich-
keit schlechthin. Stimmchen, Figürchen, Händchen,
Mündchen usw.

Der Emeritus besteht nur noch aus Erzählen. Sobald er den Mund aufmacht, entsteht Vergangenheit. In Frankfurt war Kongress, er trifft Robert Jauß, große Begrüßung. Jauß: Er wird in seinem Vortrag den Emeritus dreimal zitieren. Der Emeritus: Und so was muss ich versäumen, weil ich mich vom schnöden Fernsehen habe überreden lassen. Dass er Irene hinschicken würde, es war Irene zwei, by the way, hat er dem Jauß nicht gesagt, weil er wusste, der würde die Zitate, wenn der Zitierte nicht im Saal ist, streichen. Und so war's dann auch. Der hat die Zitate gestrichen.

HH am Kaffee-Automaten: Gestern in den Zehn-Uhr-Nachrichten sei – aus Wien – berichtet worden von einem Theaterstück, in dem gesagt wird, in Österreich gebe es heute mehr Nazis als 1938. Was sagen Sie dazu?
Ich sagte: Ich weiß nicht, was ich dazu sagen soll.
HH: Das habe ich mir gedacht.

Der Professor taucht nur noch auf, um zu sagen, dass er keine Zeit hat. Sein Celan-Paper. Er hat immer noch nicht angefangen. Er hat Angst, es könne, was er sagen werde, banal sein. Stellen Sie sich vor: Celan, und dann banal. Dabei sei in ihm nichts so deutlich wie die Lust, über Celan banal zu sein. Er hat Angst, sagt er, vor sich selbst. Und, deshalb, um sich selbst.

Clarence Quale am Kaffee-Automaten: Das Gynäkologie-Niveau der Kaiserzeit habe man erst um die Mitte des 19. Jahrhunderts wieder erreicht. Wie dumm, einen Ort zu verlassen, an dem man Briefe bekommen könnte, und irgendwohin zu fahren, wo man keine bekommen kann.

Ich gebe nicht auf. Das wundert mich.

Nachher noch bei Farentholds. Der Professor sagt, ein Abend bei Farentholds sei ein MUST. Er, der Mediävist aus Virginia, ein genialer Bastler, weitläufig verwandt mit Jefferson, der ja auch ein genialer Bastler gewesen sei. Als wir hinkamen, duschte sich Farenthold gerade, weil er sich beim Auswechseln einer Benzinpumpe eine Benzindusche zugezogen hatte. Ella spricht am meisten und am lautesten. Sie ist lebhafter, als man es sich wünscht. Aber vielleicht gönnt man ihr Lautstärke und Lebhaftigkeit nur nicht, weil sie in ihrem drangengen Anzug so dick wirkt, dann denkt man unwillkürlich, dick gern, aber nicht auch noch laut. Und dieses *nicht auch noch* ist die Gemeinheit. Man könnte sich doch sagen, dass sie gerade deshalb so laut und so lebhaft sein muss.

Ihr hat gerade ein Science-Fiction-Roman imponiert. Also diese Frau mit dem Schwanz. Sie möchte auch einen Schwanz, sagt sie, was man mit so einem Schwanz alles machen kann. Alle schauen jetzt gespannt zu ihr hin. Oder doch nur ich? Man könnte ihn in die Hand nehmen und, wenn einer raucht, damit den Rauch vertreiben. Oder sich selber streicheln damit.

Oder den Tisch abwischen, sagt der zum Praktischen tendierende Gatte.

Ach so, dachte ich.

Dann wurde klar, dieser Schwanz im Roman stammt letzten Endes von einem Cougar, und der Cougar ist das Maskottchen eines texanischen Football-Teams.

Kaum hat Ella Farenthold uns das verarbeiten lassen, intoniert sie genauso laut, sie würde, falls ihr Mann sie betrügen sollte, das sofort entdecken. Als sie heute von der Firma heimkam, sah sie sofort am Kissen auf diesem Stuhl – und zeigte scharf hin –, dass jemand da gewesen war. Das Kissen war so zusammengedrückt, dass es ein schwergewichtiger Mensch gewesen sein musste – also ein Mann, denn ihr Mann mag eine solche Frau nicht. Da es jetzt sehr still war, sagte ihr realistisch denkender Mann, seine Frau sei ein Migränetyp, das heißt, sie reagiere auch auf die geringste Veränderung im Sichtbaren sehr empfindlich. Also wenn er seine Frau betrügen würde, dann müsste es mit einer Migränefrau sein, die das alles genauso intus hätte und dadurch vermiede. Aber, sagte er kopfschüttelnd, eine Migränefrau reicht. Sie sehen, rief Ella laut, er will keine mehr von dieser Sorte. Farentholds Kopfschütteln wurde ein schweres Nicken. Morgen fliegt Farenthold an die Ostküste. Zu Jonathan McNulty. Wenn man nicht weiß, wer Jonathan McNulty ist, muss man fragen: Wer ist das? Und erfährt: Das ist der Mediävist der Universität von Maine. Sie laden einander zu Gastvorträgen ein. Sie lassen ihre Etats einander zugutekommen. Und nichts begreift man mehr. Herr Farenthold wird über den Minnebegriff bei Wolfram sprechen, mehrere Lobster verspeisen, vielleicht sogar in Bar Harbor. Von Maine dann nach Kalamazoo, Michigan, zur Jahrestagung der Mediävisten. Es wird deutlich, dass jeder von uns Herrn Farenthold das Gefühl geben muss, das Mittelalter sei noch wichtiger, als Herr Farenthold das selber schon gedacht hatte. Er wurde, als wir ihm das vermittelt hatten, richtig fröhlich. Kurz bevor wir aufbrachen, sagte er sogar noch, die heutige deutsche Literatur sei ja nun wirklich das Unwichtigste in der ganzen Welt, deshalb dürfe er als Mittelaltermann einfach nicht verzweifeln.

Unvergesslich wird bleiben der Elefantenfuß als Blumenständer unter den Riesenzähnen an der Wand. Fragen hätte man müssen, ob die Zähne von dem Elefanten stammten, dessen Fuß Herr Farenthold zum Blumentopf geformt hat. Zwei Sonderdrucke seiner letzten Veröffentlichungen hat er mir noch mitgegeben.

An den Schriften, die einer einem von sich gibt, sieht man, für wen er einen hält. Damit weiß man auch schon, wie man reagieren muss. Als Gast.

Geträumt, dass Herr Farenthold, bevor wir das Haus verließen, plötzlich Pistolen verteilte. Und zwar uns zuliebe. Wir hatten ihm dafür heftig zu danken. Aber er sagte uns nicht, ob die Pistolen geladen seien und ob sie, falls sie geladen sein sollten, gesichert seien und wie man sie, falls sie gesichert sein sollten, entsichere oder ob sie geladen und gar schon entsichert seien. Man hatte das Gefühl, man dürfe die Pistolen überhaupt nicht berühren. Sie wurden einem selbst gefährlicher, als sie je einem anderen werden konnten.

Die Sonne sagt mir, wenn sie pazifikwärts versinkt und breit und massiv Altgold verströmt, halt du mich fest, sag mich weiter. Du bist der Schnittpunkt von Zeit und Raum, dein Name ist Augenblick, stimmt's. Ja, Sonne, sag ich, es stimmt.

Wenn HH dich fragt, wie es dir geht, und du sagst, es gehe dir nicht so gut, dann beweist sie dir, dass es dir gut geht.

Die dicken Schwarzen machen die Zimmer, die schlanken servieren das Frühstück. Es hängt nur von der Figur ab, wie viel oder wie schwer du arbeiten musst. An der Universität werden auch Humanities gelehrt.

In der Halle riecht es nach Kuchen, sagte SIE, als SIE eintrat. Ich wusste nicht, was ich darauf sagen sollte. Nur wenn jemand in dem, was er sagt, deutlich eine Tendenz ausdrückt, kann ich entsprechend reagieren. Ich kann offenbar nur reagieren.

SIE ist erregt, durcheinander, empört. SIE hat eine schlechte Note kassiert. The teacher – ob Mann oder Frau, wurde nicht deutlich – hat im Seminar Gedichte ausgegeben ohne Namen des Autors. Die Studenten mussten die Gedichte zeitlich ordnen und die Autoren charakterisieren. SIE kriegte zwei Gedichte, die nicht vergleichbar waren mit den Gedichten, die man bisher im Kurs behandelt hatte. Das sagte und begründete SIE. Nachher sagte the teacher, eigenartig lächelnd, diese zwei Gedichte seien Gedichte des teachers. SIE bekam ein C für diesen Kurs. Aber wer the teacher war, sagte SIE nicht. Es reicht, dass sie ihm jetzt alles gesagt hat. Und er denkt: Wenn das alles ist.

Spencer Farenthold kriegte in Kalamazoo kurz vor seiner Vorlesung den Aktenkoffer nicht auf, ließ eine große Büroschere holen, setzte sie an, will den Deckel aufwuchten, die Schere rutscht aus, er sticht sich tief in die Hand, musste, bevor er vortragen konnte, ärztlich versorgt, das heißt genäht werden, twelve stitches. HH: Die Büroschere hat er offenbar nicht erfunden.

Sie sollten mich nicht unterschätzen, sagte heute HH, als ich dazukam, wie sie sich Kaffee herausließ. Ich sagte, dass es nicht zu meinen Gewohnheiten gehöre, irgendjemanden zu unterschätzen. Im Gegenteil. Dann ist es gut, sagte sie. Sie könne, sagte sie, sehr böse werden, wenn sie merke, jemand unterschätze sie. Und sah mich an. Und sprühte. Der reine Kampfengel. Dabei ist sie doch wirklich klein, allerdings immer mit diesen Dritte-Welt-Textilien überworfen und eben immer mit diesen zwei Kreuzen ausgezeichnet, das eine eng am Hals, das andere im nie recht beginnen könnenden Ausschnitt.
Sie gelte hierherum als böse und sei, obwohl sie's nicht sei, sehr einverstanden mit diesem Etikett. In dieser Lächel-Society. Einigen hier kursierenden guys habe sie Schaden zugefügt, zufügen müssen, weil's sonst keiner tut. Stanley, zum Beispiel. Angezeigt von ihr wegen sexual harassment. Verübt an einer ihrer Studentinnen. Im Lift. Also, watch your step. Bye. Und schob ab.

Der Professor: HHs Kreuz und Kreuzchen sind tatsächlich Orden. Von der Königin Wilhelmine ihrem Großvater verliehen. Der hat die Diamantenschleiferei oder den Diamantenhandel – das weiß der Professor nicht so genau – nach Amsterdam gebracht. Wenn ein so Ausgezeichneter starb, sollten die Orden in den Sarg gelegt oder zurück an die Königin gegeben werden. Es ist gelungen, die Orden für die Enkelin zu retten.

Auf dem Campus Büsche, deren Blüten aussehen wie Vögel. Rot gesträubte dünnste Strahlen. Wie Federn. Ein Hummingbird bedient sich gerade.

Drei leere Busse auf dem leeren Parkplatz, auch kein Fahrer drin, aber alle drei Motoren laufen.

Zwei Arbeiter knien neben einem Zementdeckel über einem offenen Schacht und kontrollieren in einem vielfarbigen Leitungsgewirr, welche Kabel Strom haben. Der Werkzeug-LKW der beiden steht daneben. Mit laufendem Motor.

Nirgends so oft kreischende Keilriemen wie hier.

Der Fremdwörterschmerz. Ein Wort wie *Projektor*
tut weh. Schneidet. Ins Seelenfleisch.

HH heute am Kaffee-Automaten: Wer was sein wollte
von den Damen, ging einmal die Woche zum Friseur,
dann zum shrink. Shrink? Psychiater. Sie müssen
noch viel lernen. Ich nickte.

Ihren Blick, ihren Augenausdruck hält man zuerst für
nichts als kühn. Allmählich entdeckt man den Lei-
densanteil in ihrem Blick.

Man will den anderen keine Gelegenheit geben, zu
sehen, wie man wirklich ist, deshalb stürmt man auf
sie ein mit Gerede, tanzt vor ihnen herum mit Gefuch-
tel und Entblößung. Man kann nichts schonen. Weder
sich noch andere. Dann die Nächte voller Jammer
und Angst.

Die Sonne meint mich nicht.

Clarence Quale am Kaffee-Automaten über die Zusammensetzung einer Kommission: We had every

kind of mix you can have: a black, a woman, two Jews and a cripple.

Die Studentin mit der riesigen Unterlippe und einer Nase, die dieser sich aus dem Gesicht wegschwingenden Unterlippe offenbar nachschwingen wollte, diese Studentin, die immer über dem Tisch lag, als könne sie sich bei diesem Unterricht vor Langeweile einfach nicht aufrecht halten, die hatte, als er die ersten Aufgaben verteilte, gesagt, sie könnten mit dieser Aufgabenstellung nichts anfangen, sie seien erzogen und geschult und gewöhnt, so sagte sie es mit großer Bestimmtheit und einem flotten, auf weiteres Nachdenken nicht mehr angewiesenen Tempo, erzogen, geschult und gewöhnt, rationale Aufgaben gestellt zu bekommen und diese Aufgaben rational zu lösen. Was er in diesem Sinne zu den von ihm gestellten Aufgaben zu sagen habe? Es war ganz klar, dass sie von ihm erwartete, er möge seine Aufgaben zurücknehmen. Vielleicht war in ihrer Äußerung auch Ohnmacht, vollkommene Verlegenheit, weil seine Aufgaben ihr unlösbar vorkamen. Vielleicht war sie sogar verzweifelt und bat ihn, doch bitte nicht so gedankenlos über ihr und ihrer Kollegen und Kolleginnen Schicksal hinwegzugehen. Erst als er in seinem Zimmer über diesen Augenblick nachdachte, kam er darauf, dass sie auch aus Schwäche und Unsicherheit so gesprochen haben könnte. Im Klassenzimmer aber hatte er nur geglaubt, sie wolle ihn jetzt vor allen blamieren, sie wolle ihn zwingen, endlich zu gestehen, dass er gar kein Lehrer sei, sondern ein Hochstapler. Deshalb hatte er nicht nachgeben können.

Im Traum war *howdirity* zu übersetzen. Angeliefert als Studentenjargonfloskel. Ich sollte übersetzen. Und ich übersetzte *how dire – wie sagen*, also ist *howdirity* die *Wiegesagtheit*. Im Traum war's eine Leistung, auf die ich im Traum stolz war.

Auf dem dreireihigen Palmenboulevard geht Bruno Bettelheim spazieren. Ich glaube, ihm ist alles gleich. Gegen sein besseres Wissen lässt er sich abends abholen zu einem Vortrag und hält seinen schönen Vogelkopf in den Sturm der jugendlichen Fragen. You people need celebrities, I know that. Hat er gestern Abend gesagt. Er schien es eher zu bedauern. Meßmer gegenüber hat er deutlich bedauert, dass hier die Psychoanalyse Seele mit mind übersetze.

Mein Vorgänger als Gastprofessor an der UCLA war ein französischer Intellektueller, der offenbar immer gleich schlecht gekleidet war. Ihn hat HH gefragt: Wer trägt Ihre Sachen, wenn sie neu sind?

Heute, HH am Kaffee-Automaten: Die USA haben ihre Verbrechen in Gebieten begangen, in denen farbige Bevölkerungen leben. Das ist ihr Glück in der weißen Medienwelt.

Nichts Überredendes. Immer wieder innehaltend. Süchtig nach Halt. Aus Angst vor dem Mangel an Richtung. Ekel vor jeder Abenteuerdraperie. Kein bisschen Märchenkraft. Keine Spur Männlichkeit. Überhaupt kein Rang. Beförderungslos. Ziemlich schwer. Also ruhend. Ausruhend. Wartend. Nicht hoffend. Aber wartend. Also geduldig. Nein. Unruhig. Also nicht ruhend. Bewegungslos. Aber gehetzt. Gespannt. Ja, gespannt. Es gibt nur noch Ereignisse. Eine Fliege, ein Motor, zwei Staatsbesuche, vier Todesanzeigen, das Schrillen des Telephons, Erinnerung an eine Fahnenstange, Rost an der Jalousie, der Duft von feuchtem Laub, Gelächter zweier alter Männer vor der Plakatwand.

Depression – ein Name für Illegitimität.

Nichts wird so hoch bezahlt wie Selbstbewusstsein.

SIE fehlt jetzt immer. Zuletzt trug sie ein windiges weißes T-Shirt und eine dunkelblaue unten bis an die Knöchel reichende Trainingshose und farblose alte Turnschuhe. Sie hinkte ein bisschen.

Genagelt ins Nichts. Ein Tourist, auf frischer Tat ertappt. Vögel ohne Flügel mästen sich an mir. Nachher bin ich ihr Klo. Schrie' ich, wär's dein Name, und ich schluckte den Schall.

Auch wenn nichts einen angebbaren Sinn hat, ist nicht auszuschließen, dass ein unauffindbarer Sinn existiert. Sinn ist ja der vorsichtigste Ausdruck für Richtung. Und die hat ja schon Natur. Man kann sich da anschließen.

Wir haben den Befehl zu leben und müssen so tun, als gehorchten wir gern.

Der Professor beim Celan-Kongress in Amherst, HH beim Komparatisten-Kongress in Philadelphia. Die Abteilung wirkt feiertäglich leer.

Ich darf mir nicht noch einmal mit den Nägeln durch das Gesicht fahren. Man weiß nie, wozu das führt. Ich fürchte, ich könnte dann nicht mehr aufhören.

Wer nichts nützt, schadet.

Gestorbene haben Briefe geschrieben. Die Briefe Gestorbener liest man mit besonderem Anspruch: Sind diese Briefe der Tatsache, dass ihre Verfasser gestorben sind, würdig?

Clarence Quale heute am Kaffee-Automaten: Zu meiner Schande muss ich gestehen, dass ich in meiner späten Pubertät ein großer, fast schwärmerischer Hamsun-Verehrer gewesen bin.

Sich aus dem Staub machen.

Bruce Hubers Anführungszeichen, mit Zeige- und Mittelfinger an beiden Schläfen produziert, können sich auswachsen zum gehörnten Mann. Ich sage ihm das nicht, als ich mich verabschiede. Aber ich befürchte es. Glorias Abhaltungen haben zugenommen. Über seine Gedichte, habe ich gesagt, werde ich ihm lieber schreiben. Und um der Gleichbehandlung willen, Helen Hickenlooper auch. Vor lauter Kurs und Klasse sei ich praktisch zu nichts gekommen. Und verschwieg: zu nichts als nichts. Mehr gibt es ja nicht.

Von zu viel Reise abgewetzt, tauch ich den Kopf in den Schaum der Einbildung.
Fünf Herren bei mir im Clairemont, ich auf dem Bett. Am hellen Tag. Die Herren wirken, weil sie um mich herumstehen und zu mir herabschauen, wie Ärzte. Richtiger: wie meine Ärzte. Wie meine um mich sehr besorgten Ärzte. Bruce, Stanley, Clarence Quale, Spencer Farenthold und sogar Dean Dine. Was für ein Aufwand, zwei Wochen vor dem Rückflug, sage ich. Und sie sagen, sie seien gekommen, weil ein Gerücht kursiere, sagend, dass ich gern noch eine Abendveranstaltung vorschlüge, gern noch einen Vortrag halten würde über Nietzsche. Warum, bitte, woher dieser Wunsch, über Nietzsche zu sprechen. Herbert!
Es klingt, als sprächen sie den Namen fünfstimmig aus. Fast Comedian Harmonists. Bitte, ich erklär's Ihnen gern. Ich bitte die Herren aber zu bedenken, dass Amerika für mich immer schon die Welt war, in der sich Wünsche erfüllen. Nun zu diesem meinem letzten Wunsch. Für diesmal.
Ich habe mir immer schon gewünscht, eingeladen zu werden, ein Referat über Friedrich Nietzsche zu halten. Titel:

DER NIETZSCHE-REFERENT

Viel mehr als diesen Wunsch und den Dank dafür, dass er mir jetzt erfüllt wird, hätte ich dann nicht vorzutragen. Aber allein über diesen Wunsch könnte ich lange sprechen. Noch ist es ja nicht mehr als ein Wunsch. Und der wird wahrscheinlich einer bleiben. Nur deshalb kann ich ja darüber sprechen. Kein Mensch wird mich je einladen, über Nietzsche zu sprechen. Ich bin kein Kenner, kein Fachmann und überhaupt kein Philosoph. Ich bin all das nicht, was ich gern wäre. Was aber ist einer, der all das, was er gern wäre, nicht ist? Darüber würde ich gern sprechen. Aber das geht nun wirklich nicht. Da wäre ja die Welt voller Referenten. Und sie ist heute schon voller davon, als gut ist. Ich muss allerdings sagen, der Wunsch, über Nietzsche zu sprechen, ist bei mir schon sehr alt. ja, er ist sogar älter als ich. Mein Vater, der nun schon so lange tot ist, hat auf nichts so sehnlich gewartet wie auf die Einladung, über Nietzsche zu sprechen. Das ist ganz sicher. Ich habe ihn, weil er starb, als ich noch ein Kind war, so gut wie nicht gekannt, aber alles, was ich von ihm erfahre – und ich forsche ununterbrochen in allen Verbliebenheiten nach seinem nie bis zur Reife gediehenen Wesen –, alles beweist mir, dass er nichts lieber getan hätte, als über Nietzsche zu sprechen. Bitte, bedenken Sie, er war zehn Jahre alt, als Nietzsche starb. Und er muss schon in aller Kindlichkeit und Jugendlichkeit alles gespürt und eingeatmet haben, was in dieser Zeit aufbrach, aufbrach wie eine zu lang vernachlässigte Wunde. Ich übertreibe nur ein bisschen, wenn ich sage, mein Vater hätte über Nietzsche sprechen können, auch wenn er nie lesen gelernt hätte. Mein Vater hat alles mitgekriegt. Das ist ganz sicher. Natürlich konnte er den Wunsch, über Nietzsche sprechen zu wollen, nie aussprechen. Nicht dass das als Anmaßung empfunden worden wäre, die Leute um ihn herum hätten gar nicht gewusst, was er will. Vielleicht hat mein Vater manchmal vor Leuten, von denen er wusste, dass sie den Namen Nietzsche noch nie gehört hatten, doch gesagt: Am liebsten würde ich einmal über Nietzsche sprechen. Ein bisschen komisch hat er sein dürfen. Das haben sie ihm erlaubt. Zu den Menschen, die den Namen Nietzsche nicht gehört haben konnten, gehörte, bis mein Vater diesen Namen vor ihr aussprach, auch meine Mutter. Ich habe keinen Beweis dafür, dass er vor meiner Mutter, zu meiner Mutter sagte: Ich möchte gerne einmal eingeladen werden, über Nietzsche zu sprechen. Ich bin aber ganz sicher, dass das vorgekommen ist. Er liebte meine Mutter, und dann stellte sich heraus, dass sie an dem Tag geboren worden war, an dem Nietzsche gestorben ist. 25. August 1900. Meine Mutter hat, als er das sagte, sicher genickt. Ihr blieb nichts anderes übrig, als zu dem, was er redete, zu nicken. Und viel Zeit hatte sie ja ohnehin nicht, da sie ihn praktisch ernähren musste. Sie musste ihn in sein Zimmer sperren. So stark war meine Mutter auch nicht, dass sie das Geschäft hätte retten können, wenn er mitgearbeitet hätte. Und wenn sie dann manchmal hereinkam und müde und erschöpft auf einen Stuhl sank, hat er sicher gesagt: Einmal über Nietzsche sprechen, das wär's. Dann hat sie genickt. Ich halte es für möglich, dass sie stolz auf ihn war, ohne dass sie wusste, warum. Ganz sicher war meine Mutter nie wütend, wenn mein Vater sagte, am liebsten würde er eben einmal über Nietzsche sprechen. Verzweifelt schon, aber wütend nie. Vielleicht hat sie ihre unternehmerische Arbeit auch dafür getan, dass er einmal über Nietzsche sprechen können sollte. Dazu ist es nicht gekommen. So alt ist also der gewissermaßen ererbte Wunsch. Vielleicht ist es verständlich, dass man ihn in Los Angeles unwillkürlich aufflackern sieht. Was ist nicht alles möglich in dieser Stadt! Dass es nicht möglich ist, mich einzuladen, hier über Nietzsche zu sprechen, versteht sich von selbst. Ich entschuldige mich dafür, dass ich diesen Wunsch nicht ganz und gar verbergen konnte. Sie sind aber auch viel zu sensibel! In Europa wird dieser Wunsch überhaupt nicht wahrgenommen, auch von Leuten nicht, die glauben, mich in- und auswendig zu kennen. Ich danke Ihnen. Mein Credo schlucke ich. Nietzsche ist die Fülle. Meine Herren, die Fülle. Nichts als die Fülle.

Die fünf Herren verschwinden, wie sie gekommen sind: auf eine unmerkliche Art.

Trostlos wird dieses prächtige Zimmer durch das dumpfe Geräusch der Klimaanlage.

Hassen muss man können, dann mögen sie einen.

Jemand schüttelt meinen Kopf.

HH am Kaffee-Automaten: German Quarterly will von ihr etwas über Nietzsche und Kafka. Das hat sie aber schon Studi Tedeschi in Rom versprochen. In diesem Aufsatz hat sie sich als Nietzsche-Laiin bezeichnet. Jetzt ist sie gespannt, wie die auf dieses understatement reagieren. HH hat, immer wenn sie zum Kaffee-Automaten kommt, Fahnen dabei, die sie gerade korrigieren muss.

Das Flugzeug flieht vor seinem Krach.

Beethoven, mein Selbstbehauptungslehrer. In den Lüften.

Die Stewardess ist auch älter geworden heute Nacht. Sie sieht zerwirkt aus.

You may never again be able to go so far for so little.

Buy before you fly. Alles Gereimte wird ihn jetzt immer an Helen Hickenlooper erinnern.

Welch ein Zufall, dass man treu geblieben ist. Und wie feiert man ihn.

Sehnsucht und Enttäuschung entsprechen einander wie Licht und Schatten.

Die Kälte beißt Stücke ab von einem, wo sie was zu fassen kriegt.

Bäume im Nebel, Satzzeichen eines verlorengegangenen Textes. Man fährt an Gedichten vorbei.

Hier wird Becketts 80. Geburtstag gefeiert. Von lauter Ausgeräumten. Allen ist offenbar ganz beckettisch zumute. Jedem blüht die Leere aus dem Mund.

III

Wenn er merkt, dass er von anderen dazugezählt wird, spürt er, dass er bei weitem nicht so dazugehört, wie die anderen meinen. Das ist ihm immer so gegangen. Aber man kann sich nicht andauernd entziehen und distanzieren.

Er müsste sich viel entschiedener geben, als er ist. Aber alle diese Standpunkte sind es nicht wert, dass man sich für einen von ihnen entschiede. Überall stimmt etwas und stimmt etwas nicht. Aber die öffentlich Auftretenden gehören immer dahin oder dorthin. Und wenn sie dahin gehören, machen sie die, die dorthin gehören, schlecht. Und umgekehrt. In Wahljahren, also ununterbrochen, wird dieser Entscheidungszwang auch noch moralisch verbrämt. Die einen sind die Besseren als die anderen. Und die anderen sind die Besseren als die einen. Er stimmt immer heftig zu. Das schon. Aber eben beiden. Er findet, die einen seien wirklich besser als die anderen und die anderen besser als die einen. Das muss er aber für sich behalten.

Einladung zu einer Wheatfield-Konferenz über Welt-
literatur in Washington. Lord Weidenfeld und eine
Getty-Erbin. Auf dem Papier als Trustees und Chair.
Und Hans Magnus Enzensberger und Fritz J. Rad-
datz und Michael Krüger. Nicht doch lieber nach
Moskau, wo Engelmann, Wallraff und Max von der
Grün zu einer Konferenz sein werden? Am besten auf
beiden Konferenzen sein. Am allerbesten auf keiner.

Einladungen innerhalb einer Woche nach Hongkong,
Palermo, Athen, Monterey Ca., Paris, Urach, Bad
Mergentheim. Also, nach Urach.

Reise-Allegorie

Ich bin der Hauptbahnhof der Probleme. Auf
Gleis eins fährt ein der Tod, bitte, nicht einsteigen.
Vorsicht an Gleis zwei, es fährt durch die Liebe,
die hier nicht hält. In Kürze fährt auf Gleis drei
der verspätete Hass ein. Er endet hier. Bitte,
Vorsicht bei der Einfahrt des Hasses.

Das Ehepaar streitet darüber, wo sie wann gewesen
sind. '88 in Schweden oder '87? Er ist beleidigend
sicher, dass er recht hat. Er holt sofort aus zu einem
langen Beweis. Wenn sie nicht nachgibt, haben sie
Krach.

Das Glück im fahrenden Zug. Als träfe dich nichts. Der Bistrokellner ist der Menschheit Edelstes, und mein Geliebter ist er sowieso. Sein schmalziges Lächeln, sein über den Gürtel schwappender Bauch. Ich will ihn lieben, lieben, lieben bis an das Ende der Fahrt.

Kein Widerspruch gegen irgendwen oder irgendwas. Eine Schlusskurve des scheinbaren Einverständnisses mit allem.

Nirgends ganz, zerlöst, ein Teil, und keine Zugehörigkeit, unpassend, wo ich sein will, Sehnsucht nach Fügung, Einklang.

Singend durch die Wüste meiner Seele, brandgeschatzt von allen Fakultäten. Durch die Rippen pfeift der Schicksalswind Melodien des Teufels, den ich schätze wie mein linkes Ei, das rechte wird von Gott bewohnt.

Keine Gelegenheit, Engel zu sein oder Feldherr. Essen und trinken wie alle. Fernsehen wie alle.
Wie alle sterben. Das Höchstegrößte, das du erreichen kannst: sein wie alle. Nach nichts schielen, das darüber hinausginge. Gewöhnlich sein, und das ohne Glück. Das ist das Höchsteschwerste. Anti-Voltaire.

Man muss nur schlimm genug sein, dann lässt sich das nicht mehr angemessen bestrafen, also hat man das Recht besiegt. Jeder große Wasauchimmer beweist, dass ihm das Recht nicht gewachsen ist.

Wir, die alles tun müssen, was von ihnen verlangt wird. Widerstand können wir uns nur leisten gegen die allergrößten Verbrechen, zu denen wir eingeladen werden wie zu einem Abendessen. Allmählich schwindet die Fähigkeit, kleinere von größeren Verbrechen zu unterscheiden. Das ist die Normalisierung. Unter allen Umständen.

Schnaufend schaust du dich um, denkst: entkommen, und siehst sie, sobald du den Kopf wieder drehst, vor dir. Dichter als je.

Die rechte Angst will sich nicht einstellen. Man ist vom Leben überzeugt.

Man muss den Schlägern die Stöcke entreißen und sich selber prügeln. Aber überzeugend, dass sie sehen, man meint es ernst, sie können sich auf das Zuschauen beschränken. Sie merken nichts so schnell, wie wenn es einem nicht ernst ist. Sich zum Schein prügeln, das erbittert sie mit Recht. Es muss die Haut platzen, das Blut spritzen, wie wenn sie selber schlügen. Was sie zum Glück nicht wissen: Die Schläge, die man sich selber versetzt, sind, auch wenn die Haut platzt und das Blut spritzt, reine Wohltaten, verglichen mit den Schlägen der Schläger. Es tut einfach überhaupt nicht weh, den Stock aus dem Kopf über den Arm und die Hand auf eine Körperstelle zu führen. Es tut kein bisschen weh, was der Stock dann auf der Haut anrichtet. Wenn sie das merken – und ich fürchte, das lässt sich nicht verhindern –, dann werden sie mir den Stock ein für alle Mal aus der Hand reißen und mich endgültig zusammenschlagen. So sind nun einmal die Naturgesetze in ihrer jetzigen gesellschaftlichen Verfassung.

Außer dem Auto keinen Freund mehr. Seit der Hund tot ist.

Es soll doch keiner, dem heute noch keiner ins Gesicht geschlagen hat, den Mund aufmachen.

Wir haben alle Angst vor einander. Und die wenigen, die keine Angst haben, sollte man fortschicken, dass sie das Fürchten lernen.

Wie schön muss es gewesen sein, als man noch vor Tieren Angst haben musste.

Leiden fühlt sich an wie Legitimität.

Briefe unterschreiben mit dem Namen dessen, an den sie gerichtet sind. Jetzt noch aus ganzem Herzen gemein sein, wie es nur die Feinsten sind.

Unsere Empfindungsfähigkeit ist spezialisiert auf Schmerz. Etwas anderes lässt sich gar nicht empfinden.

Ich muss mir einreden, dass die Wörter, die ich hinschreibe, nicht nur beliebige Zweckdienlichkeiten sind, sondern etwas, was mir in diesem Augenblick entspricht.

Im Papierblütenparadies. Vorkommendes martern, bis es dich ausdrücken kann. Schutz suchen jenseits der Entsprechungen. Jetzt ächzen die Blätter im Wind. Zu meiner Freude.

Ausgefüllt von Bewegungslosigkeit. Überhaupt Raumschwund. So entkommen der Zeit. Eine Zeit lang.

Dass er davon gelebt hat, dass andere ihn wahrnahmen. Jetzt ist Schluss mit diesem Scheinleben.

Ich bin eine abgewählte Regierung, die nicht geht.

Nichts mehr wissen wollen von sich selbst, macht sofort unsterblich.

Nichts ist in allem das Ausschlaggebende.

Wenn man sich traut zu sagen, mit wem man Mitgefühl hat, ist man schon so gut wie erledigt.

> Die Sonne verstummt, über nichts mehr
> wächst Gras, Freudentänze der Nachrichten,
> Politiker mit Preisschild,
> Arien aus Blütenstaub,
> Scheiße fressen und Rosen kotzen.
> Wer das nicht schafft, soll sich schämen.

Tausend Goldschmiede sitzen herum und hämmern in Ermangelung edleren Materials das nächstbeste Blech.

Ich mag den Ton nicht, das edle Gejaul, das elfenbeinerne Gejammer. Ich schmier Dreck in die Ohren, richtigen Lebensdreck.

Die Nachrichten: Der Libero wird am Knie operiert, zehn Wochen lang nicht spielfähig. Ein Verteidiger hat sich beim Training die Schulter ausgerenkt. Sechs Wochen lang nicht spielfähig.

Hügelland, das Herbstmoden trägt. Der Regen weckt Farben. Ich bin verloren gegangen. Zum Glück. Fallenden Blättern schreib ich die Biographie.

Ich bin die Asche einer Glut, die ich nicht war.

Konjunktivisch schweifen wie die Möwe im Wind. Das meiste meiden. Wüsste ich, wie. Aus dem Inneren Glanz schürfen. Aber mit leeren Händen. Und ehrlos.

Luftballons verkaufen, aufgeblasen von Verzweiflung. Ich ein Videoclip. Jeder flieht in seine Lieblingswüste. Keiner lacht sich kaputt. An Lyriker ergeht aus Wäldern, die gelernt haben zu schweigen, eine Einladung.

Aufwärts flüstere ich Stufen zu, sie seien Flügel. Alles ist eine Höhle des Vertrauens. Aus dem Mund fließt mir nichts als Segen. Ich bin gebenedeit. Ich habe den himmlischen Knacks. Bei mir gibt's nur Lose zu kaufen, die gewinnen. Ich bin verzweifelt. Zur Seligkeit verdammt. Amen.

Dass ich nichts sein will als diese Empfindung, die sich selber nachsinnt, weil sie untergegangen ist wie die Sonne und eine Regung zurückließ, ein Bild des vergangenen Tages, ein geisterhaftes, das sich selber genug sein will.

Ich bin der Kiesel, der über das Wasser hüpft, und weiß nicht, wer mich geworfen hat.

Nichts mehr, das an etwas anderes erinnert.

Könnte zuweilen der Schein von Dauer entstehen und aussehen wie Zahnschmelz im Licht. Brächten Wörter einen Schirm zustande, der sich am liebsten über Wunden wölbte und bei jedem Glück zerginge. Als wäre mit etwas zu rechnen. Aber die Gewissheit muss man meiden. Besser, wir taumeln, träumen, reden dahin.

Hätten wir Hüte gegen den Einfall. Wären wir ruhig bis zum Schluss. Wir brennen. Das Feuer zu nähren ist unser Stolz. Der verbrennt nicht.

So ist es nicht getan. Scherben streuen musst du täglich und täglich darin spazieren gehen und aufsagen, welche Scherben aus welchen Tagen stammen.

Dass die Sonne vom Himmel herunterscheint, ist kaum anzuschauen, ohne auf die blödsinnigsten Gedanken beziehungsweise Hoffnungen zu kommen.

In den Händen deines Feindes enden. Das ist die wahre Dramaturgie. Oder im Besitz eines Achtlosen. Alles, was du gemacht hast, gehört ihm. Du hast nichts mehr und bist auch schon zu schwach, um noch etwas hervorbringen zu können. Du hast verspielt. Früher, in der Spielbank, wenn du verloren hast, hast du geglaubt: 1.) ist das nur auf der Spielbank, 2.) werde ich auch hier noch gewinnen, irgendwann einmal. Inzwischen ist es offenbar: Es war nicht nur auf der Spielbank.

Es gibt keine Ungerechtigkeit, weil es keine Gerechtigkeit gibt. Dass es keine Gerechtigkeit gibt, davon kann sich jeder überzeugen. Die, die anders reden, sind dazu von Berufs wegen verpflichtet. Sie leben davon. Aber es ist doch wahrhaft tröstlich zu wissen, dass es Ungerechtigkeit nicht gibt, nicht geben kann. Es ist allerdings höchste Zeit, sich das einzugestehen.

Mein Mund ist schwerer als ich. Mich blendet die Schwärze, die aus mir stammt. Ich lecke mich weiter.

Vorhaben. Sprachgewänder weben gegen jede Kälte der Welt. Die Stirne entflechten. Schmerzreis verbrennen. Leicht sein, als wärst du's.

Du hättest nicht aushalten dürfen. Der schwerste Vorwurf überhaupt.

Ich möchte tauschen mit einem Toten, der leben möchte.

Hätte ich nicht dieses Papier für nichts und wieder nichts, müsste ich die Stirn selbst zerreiben an der Mauer der Unmöglichkeit.

Wir sind ein Geschmier und kennen den Schmierer nicht. Manche nennen ihn Gott.

Der Bahnsteig zählt meine Schritte, wie eine Einladung glänzen die Schienen.

Unsere Klopfgeräusche, universal, noch ohne Antwort. Das macht munter. Stichwort: unendlich. Unversucht nichts. Trainierte Ohren, fromme Ohren. Wer's nicht aushält, schneidet sich die Ohren ab oder gründet eine Religion.

Dass es nichts mehr gäbe als das, was man sieht. Von mir aus noch: jeweils. Darauf möchte ich die gesündeste Religion gründen, die je gegründet wurde. Die Welt ist, was man gerade sieht. Ich bin sicher, dass ich das nicht begründen muss. Dass es genügt, das zu sagen, gehört schon zur Lehre. Die Lehre ist aber diesmal keine. Es gibt nur eine Sage. Genauer: eine Aussage. Ich sage aus, was gerade ist. Das ist das, was ich gerade sehe. Das heißt nicht, dass es keine Vergangenheit gebe. Aber es heißt, die Vergangenheit erscheine nur im Licht der Gegenwart. Es gibt sie kein bisschen als solche. Die Gegenwart entscheidet darüber, was für eine Vergangenheit und wie viel davon ich gerade brauchen kann. *Gerade* als ein Wort der zeitlichen Zuspitzung ist das wichtigste Wort jeder Aussage. Das Einzige, was gegen die Gründung dieser Religion vorgebracht werden kann, ist, dass es sie längst gibt und dass sie die einzige Religion ist, der alle Menschen rückhaltlos angehören. Das Einzige also, was dem noch hinzuzufügen ist, wäre: Die Menschen sollen das gestehen dürfen. Das Aufgehen im jeweiligen *Gerade.* Mir gefällt es, zum Beispiel, gerade zu sagen, dass das Licht mich überschüttet, mich und alles um mich herum, und dass die Lichtflut nichts übrig lässt von allem, was in ihr nicht erscheint. Was nicht jetzt, was nicht in diesem Licht ist, gibt es jetzt nicht. Das heißt nicht, dass es das überhaupt nicht gebe, aber jetzt gibt es das nicht. Und für mich gibt es nur, was es jetzt gibt.

Wer mich ehret, den will ich auch ehren. Mehr ist es nicht. Nie. Dann: Wer mich verachtet, der soll wieder verachtet werden. Sollte! Das klappt einfach nicht.

Im Ekel ruhen, tiefster Punkt, die Schwere feiert sich, ich bleibe genormt, friedlich fließen die Ströme der Flüche in die Höhe.

Hättest du Flügel, du könntest sie nicht heben.

Ich möchte schneller stürzen.

Wer ohne Hoffnung auskäme, wäre gerettet.

Meßmer kam es vor, er klirre. Offenbar hörte das niemand außer ihm.

Obwohl ihm nichts fehlt, fehlt ihm alles.

Man würde gerne aus einer brutal dreckigen Situation in eine kostbare Sprache fliehen. Alles höher sagen, als es ist. Da es doch Schicksal zu sein scheint, sucht man nach besseren Wörtern.

Er kommt sich vor wie eine schwarze Pflanze in einer lichtlosen Nacht.

Ich wäre bereit, glücklich zu sein, liefe herum wie eine Schlagermelodie, wenn nicht diese Rabenschwärze täglich herabschneite und uns eindeckte bis zum Ersticken.

Wir sind nicht die, die wir scheinen. Jeder verstellt sich dem Nächsten zulieb. Auch will er wie andere bleiben. Der Wind wird laut an Häusern, in denen es still ist. Die Kälte klingt auf wärmebergenden Mauern. Wir reden, als ob wir einfach wären. Lieber träumen wir alles, als dass wir es sagen.

Wörterwirrwarr, Schneegestrudel,
Winterschwäche, Hilflosigkeit,
Aberwitz und Unbelehrbarkeit,
weiche Wülste vertrauten Wehs.
Selig vor Überdruss.

Sich strecken müssen aus sich hinaus, Gebärde. Ekels Befehle. Kein Ziel, aber Grund. Kürze. Wahn. Selig vor Überdruss.

Man müsste es selber sagen können. Die Gedichte anderer sind eine Demonstration der eigenen Unfähigkeit, etwas sagen zu können.

Die Wirklichkeit hat mit dem, was über sie gesagt werden kann, nichts zu tun. Nichts ist so wenig mit einander kompatibel wie Wirklichkeit und Sprache. Es sind zwei einander nie berührende Welten.

Zum Gähnen benutzt der Tod meinen Mund.

Es würde genügen, mit sich selbst übereinzustimmen, um gesund zu sein. Aber man wäre dann unfähig, etwas wahrzunehmen.

Beeindruckt vom Aufwand für das Überleben, nimmt der Lebenswille ab. Es bleibt, abstrakt: der Wille zur Arbeit.

Dass ich mir das antue, nehme ich mir übel. Wäre ich mir selbst nahe, brächte ich das nicht fertig. Es über sich bringen. Es hinter sich bringen.

Wem gehorch ich immer? So lange schon. Wahrscheinlich schon immer gehorch ich und weiß nicht, wem. Nachträglich wenigstens sollte ich herausbringen, wem ich dann und dann und dann gehorchte, als ich das und das tat. Es war immer Gehorsam. Mir gehorchte ich nie.

Zu beweisen, dass das Leben schön ist, wird mir vielleicht nicht mehr gelingen. Das Gefühl, umsonst gelebt zu haben.

Hätte man doch, als man lebte, gelebt.

Ich taumle von Mal zu Mal, staunend, dass ich nicht falle. Lieg ich nicht längst und glaube, ich stünde noch? Auf dem Spiel?

Fabelhaft, wie lange man stürzt, bis man unten aufschlägt. Das Schlimme, dass man nicht im Stand ist, den Sturz zu beschleunigen. Es dauert einfach zu lange. Die Lächerlichkeit der Beendigungsrituale.

Was nützt es denn, wenn man in einem abstürzenden Flugzeug sitzt, sich einzugestehen, dass man in einem abstürzenden Flugzeug sitzt?

Widersprich nicht, schweig. Tief hinein. Auch ganz innen schweigen. Dann erst schweigt man. Wenn man nicht mehr denkt.

Schau, dein Schatten singt. Sing ihm die zweite Stimme.

S. Kierkegaard (Entweder-Oder I, 236): «Der Unglückliche ist allezeit abwesend von sich selbst, niemals sich selber gegenwärtig.»

Dass er noch lebt, muss er büßen.

Dass du so gebunden bist an dich. Könntest du dich trennen von dir, es käm dir zugute. Man kann sich nicht verhalten, wie es das Beste wäre für einen selbst. Du bist dein Feind.

Ich rase, mich spreizend, in der leeren Schachtel herum, mein Donnern und Dröhnen füllt die Welt. Ich übe Stürze, die ich vermeide. Ich lache mich, um zu überleben, des Öfteren tot.

Man muss zu sterben versuchen, als wäre man es nicht selber, der stirbt. Die Welt um den Schmerz betrügen, den sie einem zufügen will.

Sein Ehrgeiz: so lange seine Hände trainieren, bis er sich selber erwürgen könnte.

Die Flügel der Geschichte schlagen unsere Lebensluft. Flügel hat die Geschichte, einen Körper nicht. Sie ist nichts als ein Flügelschlagen.

Vorübergehender, sich manchem mitteilender Glanz. Tendenz Asche.

Das Nichts ist geräumig. Holzgefasst.

Wir sollten uns unterworfen fühlen, wenn wir auch noch nicht wissen, wem.

Wehre dich nicht. Lass doch dem Nichts seinen Triumph.

Das größte Glück ist es, wenn ich jemanden anrufe und erreiche ihn nicht.

Die Unbeschreibbarkeit der schönen Frauen, die wissen, dass sie schön sind, und die ihre Schönheit noch durch selbstbewusste, also immer glückende Maßnahmen zu steigern vermögen.

Je fais mes adieux.

Abschied. Klingt inzwischen süß. Eigentlich ist es ein Wort wie ein Schlag.

Eine Art Veränderung. Er kann jetzt Leute, die auf ihn zugehen, ohne das entgegenkommende Lächeln erwarten. Und wenn sie da sind, kann er sie ohne jeden Nachdruck an den Schultern anfassen und sie umdrehen und in die Richtung zurückschicken, aus der sie kommen. Ohne alle Dramatik. So sanft, dass bei den Zurückgeschickten kein Widerstand entsteht. Es hat offenbar etwas Überzeugendes, wie er jetzt Kontakt vermeidet. Jahrzehntelang war er das Gegenteil. Er hat immer alles getan, um dem anderen, jedem anderen, den Kontakt mit ihm leicht zu machen. Er hat jede Ansicht geteilt, hat alles Trennende unterdrückt. Er hat geglaubt, er sei nicht berechtigt, einem anderen zu widersprechen. Man sei, hat er geglaubt, nur zur Zustimmung berechtigt. Aufgefordert ist man sowieso zu nichts anderem, das ist ja klar.

Atmen zählt. Da sein
spannt. Du wiegst.
Und träumst. Schweigen
schützt. Du kannst dich sehen.

Elender nichts als Zeit,
immer zu schnell, immer
zu langsam, nie ein
entsprechendes Maß.

Der Schüchterne muss das alles doch gar nicht mit-
machen. Dieses brutale Benennen, zum Beispiel. Er hat
doch ein Recht auf seine zudeckende, einhüllende, nur
ahnenlassende Sprache. Das darf doch genau so sein
wie die auftrumpfende Enthüllungsorgie, die selbst-
gerechte Entdeckerei. Lüge ist alles. Auch das Alles-
benennen. Die mögliche Verkleinerung des Lügen-
anteils durch eine Genauigkeit, die nicht das Objekt,
sondern das Subjekt, nicht das Erlebte, sondern den
Erlebenden vorstellt.

Er wünscht sich eine Tochter. Einfach dass er, nach
ihrem Beruf gefragt, sagen könnte: Schäferin.

Vollkommenheit fällt nicht auf.

Ich habe mir eine Blöße gegeben. Ich rate Ihnen: Geben Sie sich auch eine Blöße oder zwei Blößen. Falls Sie wissen wollen, wie man über Sie denkt, geben Sie sich am besten zwei, drei Blößen, dann erfahren Sie sofort, wie man über Sie denkt. Die Leute müssen einfach das Gefühl haben, dass sie es sich leisten können, über Sie so zu denken. Eben dazu müssen Sie sich mindestens eine Blöße geben.

Die Angst, zu viel von der eigenen Schwäche zu verraten. Das darf man erst, wenn man dann auch wirklich in absehbarer Zeit stirbt.

Es ist immer ein anderes, das zuschlägt, und können's nicht sagen. Was wir nennen, ist es am wenigsten.

Verhältnismäßigkeit, eine Illusion. Erträglich nur die genau spürbare, erkennbare Unverhältnismäßigkeit. Es gibt keine Entsprechung. Mein Interesse beginnt erst da, wo nicht mehr nach Entsprechung getrachtet wird. Ernsthaft die Unverhältnismäßigkeit des eigenen Tuns und Treibens zum Ausdruck bringen.

Mich verbergen
in mir, die Sprache

wechseln, dass ich
mich nicht mehr verstehe.

In der Schwärze selbst. Alle Nachrichten sind bessere
Nachrichten als die von uns. Uns gefriert das Mitleid
in der Nase. Unsere Tränen sind aus Stein. Ein Herz
voller Schmutz hüten wir vor dem Unverständnis der
Welt. Wer sich noch an andere wendet, lügt.

Ich habe keinen Ton geerbt. Armut, das unerschöpf-
liche Erbe. Wir grinsen über jeden Faltenwurf. Uns
gehorcht nichts. Wir dienen jedem. Zum Schein.
Freiere als uns gibt es nicht. In uns herrscht nichts.
Dann imitieren wir wieder eine Epoche lang Import.
Zum Glück will das Gute überall herrschen. Wie das
Üble auch. Das freut uns.

In Frankfurt. Auf dem Bahnsteig. Eine Bosnierin. Als
sie bei mir ihr Geldstück abgeholt hat, geht sie zu dem
Herrn, der auf einem der Drahtschalenstühle sitzt und
die Zeitung nur lesen kann, weil er das Gesicht und
die Zeitung in einen 5-Zentimeter-Abstand bringt. Sie
hält ihm den Zettel hin wie mir, sagt ihren Spruch, aber
er sofort: Machen Sie, dass Sie fortkommen, oder ich
hole die Polizei. Das ist erstaunlich. Am Geld kann
es nicht liegen, der Herr wartet auf die 1. Klasse wie

ich, hat einen hellbeigen Mantel an, in dem Alpaka oder Cashmere vorkommt, und ein feinstes ledernes Aktenköfferchen, und an die sechzig ist er auch schon. Warum ist ihm seine Ruhe nicht 1 Euro wert? Er hat eine größere in sich. Und mir hat er gezeigt, wie man es macht. Und wie man es falsch macht.

Ich möchte wieder so harmlos sein, wie ich war, als ich euch noch nicht kannte.

Verletzte wollen verletzen. Als wären sie dann weniger verletzt.

Auf den Hieb noch gefasst, aber da kommt schon der Stich.
Schrei auf, schlag zu, reiß aus, was wachsen will, tu weh, sei starr, spitz, zieh zischend durch die Schreckenskammer Alltag.

Wem werde ich vorgeworfen morgen früh, wer muss mich erledigen, wen beiß ich vor Schmerz in seine Metzgerfinger, dass er, bevor er zustößt, auch noch schreit?

Wahnsinn schönes Wort
Weißglut schönes Wort
Schönes Wort Irrsinn
Schönes Wort Geduld
Anfang schönes Wort
Schönes Wort Ende
Liebe schönes Wort
Schönes Wort Hass.

An meiner Stirn strandet der Wind als Kälte. Meine
Stimme wuchs durch Entfernung von euch.

Das Ende könnte so sein: ein Andrang von allem und
sofort. Eine Fülle zum Schluss. Wie nie zuvor.

Den Schrei kultivieren, dass er sich anhört wie Gelächter. Belehrbar scheinen, das lohnt sich. Überhaupt
scheinen, dass aus deinem Mund Perlen strömen,
wenn du kotzen möchtest. Und du bist der Erste, der
die Perlen für echt hält.

Seltene Wörter suchen und für sie einen Gebrauch.
Beliebt sein in den entlegenen Kammern der Sprache,
dass sich, erschiene ich dort, etwas täte.

Wörter, zögert nicht, kommt, bei mir habt ihr zu tun. Ohne euch ist nichts. Mit euch ist nichts, aber nichts als etwas, nämlich Wörtlichkeit.

Die schöne Illusion, dass es für alles einen Ausdruck gebe.

Wenn die Sprache vor allem das ausdrückt, was uns fehlt, ist verständlich, dass sie nur sich selbst entspricht.

Ich beiße in das Lebensbrot, als hätte ich noch immer Hunger. Aus beiden Augen fließt mir ungestümes Nass.

Das Leben, das nie beginnen wollte, stellt sich nachträglich als ein versäumtes heraus.

Ich bin die Karawane, und ich bin die Wüste, durch die sie zieht, und ich bin die Schar der Geier, die sich auf den Kadaver, der ich bin, stürzt. Die Entfaltung der Autarkie.

Vor meinem Gesicht hängt ein Gesicht, schwerer als
meins.

Draußen sein und leise
den Kopf nicht drehen wie ein Sehender,
tun, als spürtest du nicht,
woran du vorbeigehst. Am meisten
an dir. Ohne zu grüßen.

In Bruchmühlbach-Miesau.

In stählernen Wiesen blühen Bäume aus Stahl, ich
tanze auf Schneiden und mache ein Lyrikgesicht.

Der Wind hat aufgehört. Es ist sehr still. Die Ohren
fangen an zu produzieren.

Im Heizkörper marschiert ein Stiefel durch die
Nacht.

Das Alter ist ein Zwergenstaat, regiert von jungen
Riesen.

Jetzt, ohne Hoffnung, ergreift dich Geschäftigkeit. Chromatische Raserei. Verregnetes Spiegelbild, verzeih. Ich muss verraten.

Mit geschlossenen Augen schau ich zum Fenster hinaus.

Alles, was ich mir sagen kann, ist nichts gegen das, was ich mir nicht sagen kann.

Meßmers Momente

Für Michael Felder
(1966–2012)

Meine Seele ist, wie ein Fisch aus
ihrem Elemente auf den Ufersand
geworfen, und windet sich und wirft
sich umher, bis sie vertrocknet in der
Hitze des Tages.

Friedrich Hölderlin

Was soll ich mit Gefühlen anfangen,
als sie wie Fische im Sand der Sprache
zappeln und sterben zu lassen?

Robert Walser

Gestern und heute ein wenig geschrieben [...]. Es ist trotz aller Wahrheit
böse, pedantisch, mechanisch, auf einer
Sandbank ein noch knapp atmender
Fisch.

Franz Kafka

Ich leide an Verfolgungswahn. Das ist das Einzige, was mich von meinen Verfolgern unterscheidet.

Dass die Narbe auf der Stirn heute wieder zu bluten anfing, ist ein Zufall. Aber einen reinen Zufall mag ich es nicht nennen. Also ein unreiner Zufall.

Das Meer schöpf ich mit dem Fingerhut in meine Wüste der Geduld. Im Alphabet sind meine Schiffe gestrandet.

Würf ich mich nicht gern in die Höhe, löste Fesseln mit blumigen Händen und atmete mich frei! Aber ich bin verurteilt zu schleppen ein Schicksal scheppernder Schwärze.

Aus allen Sinnen strömt Verhängnis.

Von euren Gedanken bewohnt, verlasse ich mich. Keinen Freund zu haben macht reich. Ich predige den Insekten. Als Schmuck trage ich Diagnosen.

Die Käfigstäbe lassen zu viel Welt herein.

Der Welt genügt es nicht, dich zu besiegen. Du sollst ihr fort und fort gestehen, dass dir Recht geschah.

Ich zu sagen tut weh. Ich bin die dritte Person. Und der ist mit mir per Sie, auch wenn er mich aufdringlich duzt.

Dass ich so gebunden bin an mich. Könnt ich mich trennen, es käm mir zugut. Man kann sich nicht verhalten, wie es das Beste wäre für einen selbst. Bin ich mein Feind?

Außer dir hast du keinen Feind. Das haben sie dir beigebracht.

Ich kenne keinen, den ich, wenn ich ihm sage, es gehe mir gut, nicht gegen mich einnähme.

Ich muss mich meiden. Wie meidet man sich?

Am liebsten möchtest du nur noch dir selber verständlich sein. Es tut weh, die Sprache derer benützen zu müssen, die dich schinden.

Sich zusammenfalten, verkleinern, bis du ein Knäuel bist und hart.

Ich bin eine Wohnung, aus der ich ausgezogen bin.

Das Dasein ist ein Dickicht oder eine Leere. In beidem ist es schwer, sinnvolle Bewegungen zu machen.

Du verlierst mehr, als du gehabt hast.

Ich will nichts wissen von wirklichen Leiden. Was nicht eingebogen ist in die Ausdrucksstraße, will ich nicht sehen.

So auf Bedeutung bestehen wie der und der? Ich zieh es vor, nichts zu erleben, ich mag gern vergehen.

Ich weiß nicht, wie, und weiß nicht, was, nur dass ich gerne sänge, aber mein Mund ist schwer und schwarz und schreit vor Enge.

Die Wirklichkeit ist ein andauernder Attentatsversuch, der schließlich zum Erfolg führt.

Die Welt ist alles, was verpfuscht ist.

Zertritt mich doch, Wunsch, mit der Wucht deiner Unerfüllbarkeit.

Glaub nicht den Sekunden willkürlichen Stärkegefühls, das dir vorgaukelt, du seist selbst die Quelle von allem und unabhängig und könntest deshalb entwerfen, bauen, gestalten, wie es dir beliebt. Das könnte alles falsch sein. Vielleicht schön. Verlässlich ist nur, was du nicht machst, sondern entgegennimmst. Schön oder nicht, du hast keine Wahl.

Lass mich zwischen ein paar Geräuschen niederknien und warten, bis keine Hoffnungen mehr täuschen.

Wüsst ich Übriges, wär ich älter, könnt ich schöner sagen, was am Abhang reibt, meinen Sturz zu bremsen.

Am liebsten bliebe ich in diesem Zimmer, für immer. Und triebe mich im Trüben hin, bis ich fiele und liegen bliebe, stumm und ohne Sinn.

Wenn man bei Schwerem erwischt wird, muss man versuchen, die Überzeugung zu produzieren, das sei einem passiert, ohne dass man es wollte.

Türen zuwerfen, die schon lange nicht mehr offen waren. Abbegehren.

Die leeren Wände reden mit vollem Mund.

Zu gewissen Zeiten wirken alle Daten, gleichgültig, aus welchen Bereichen sie kommen, entmutigend. Sie wirken zusammen, obwohl sie nichts mit einander zu tun haben. Durch mich werden sie vereint. Zu einer unwiderstehlichen Kraft der Entmutigung.

Die Leere dröhnt. Die Armut geht spazieren. Hüpf höher, liebe Depression, ein Weltrekord ist geil auf dich. Mich siedet die Sehnsucht.

So viel Kraft, jemanden zu schonen, habe ich nicht.

Ich möchte so müde sein dürfen, wie ich bin.

Wenn du nirgends mehr sein kannst, dann bist du bei dir.

Ich muss mich auf dem Papier festhalten, weil ich nirgends sonst möglich bin.

Wenn man eine Niederlage hinter sich hat und es gibt keine Gelegenheit zu beweisen, dass diese Niederlage ein Unrecht ist, wird man hastig, drängt zur nächsten Gelegenheit hin, führt sie so schnell wie möglich herbei. In der Unruhe, mit der man wartet und drängt, bereitet sich die nächste Niederlage vor.

Was ich denke, kann ich nicht sagen. Und etwas sagen, was ich nicht denke, kann ich auch nicht.

Jemanden, der Macht über mich hat, muss ich beleidigen, weil ich sonst fürchten muss, er meine, ich erkennte seine Macht über mich an.

Zeichnen, graben, verschwinden, keine Hoffnung züchten, lieblos bleiben bei Lebzeiten und sich nicht auskennen wollen, wäre mein Ideal.

Friedrich Nietzsche:
Wen nennst du schlecht?
Den, der immer beschämen will.
Was ist dir das Menschlichste?
Jemandem Scham ersparen.

Wenn ich krank wäre, wäre ich gerettet.

Geblendet von der gewöhnlichen Aussichtslosigkeit.

Ich bin die Asche einer Glut, die ich nicht war.

Hinter meiner Stirn vermute ich eine Halle, in der die Leere dröhnt. Gestorbene Vögel sitzen auf gedachten Zweigen. Einst fließende Wände starren jetzt vor sich hin. Nur das Nichts tanzt noch wie immer.

Jeden Tag ein Nachrichtenhagel. Die Bomben des Guten. Sie lassen nichts heil.

Es scheint, verglichen mit jetzt, nie ernst gewesen zu sein.

Die Tür, die zugeschlagen wird, meint mich.

Eingesperrt in etwas, bin ich sicher vor nichts.

Eines Tages werden alle Seiltänzer abstürzen in einem einzigen Augenblick. Von da an herrscht irgendeine der gängigen Religionen, bis wieder neue Seiltänzer nachwachsen.

Wenn einer nicht sein Leben gelebt hat, sondern das eines anderen, und dann schreibt er eine Autobiographie.

Ein Flüchtling vielleicht, kontaktlos. Neugierig. Andauernd ein Ergebenheitsgesicht, im Fall jemand herschaut.

Ich weiß ein bisschen mehr vom Nichts als von der Welt. Weil es deutlicher ist und, wenn man hinkommt, nicht gleich zerfällt.

Ein Stück, in dem die Hauptrolle ein schlechter Schauspieler ist. Wie spielt man einen schlechten Schauspieler? Klingt schwieriger, als es ist: Das ist unser aller Rolle.

Luxusbrillen braucht man, Armut anzuschauen. Schenkel, dazwischen zu verhauchen. Glockengebell macht einen kranken Hund aus mir.

Loben muss ich die Herren der Moral. Züchten böse Blumen, pappen sie uns auf die Stirn, dass man sieht, wie gut sie, wie böse wir sind.

Dass man weiß, dass man nichts weiß, ist uns gesagt worden. Schwer auszudrücken ist die moralische Entsprechung dieses Satzes. Dass es gut ist, böse zu sein.

Ist man schon gut, wenn man böse ist? Im Augenblick scheint es so.

Ich liege, das Gesicht nach unten, und lache ohne Geräusch. Man könnte sagen: in mich hinein. Weil ich nicht weiß, warum ich lache, verberg ich es. Auch find ich, Lachen steht mir nicht.

Ich versinke in mir wie im Sumpf, und es fehlt mir der Schopf, mich rauszuziehen.

Aufstehen heißt, den Kopf so hoch zu heben, dass die Schwere in die Füße rinnt. Das ist anstrengend.

Jeder Mensch ist unwichtiger, als er glaubt.

Ich will das Wichtige nicht wissen. Gefunden werden wie der Vogel im Gebüsch. Noch Federn, wäre schön. Dass man sieht: Das konnte einmal fliegen.

Rühr dich nicht, die Fesseln schneiden.

Auf einem schweren Pferd durch nassen Wald. Wir fliehen vor Depressionen. Fröhlich ruft die Eule meinen Namen. Überall komme ich vor. Überall bitte ich, mich geheimzuhalten.

Die Stille, die mich würgt, hat einen Ausdruck, glaubt man. Auch wenn man diesen Ausdruck nicht findet. Der schönste Irrtum ist der Glaube, dass es für alles einen Ausdruck gebe.

Wohin soll ich mich drehen, dass etwas ins Vorstellungsfeld geriete, was mir helfen könnte? Warum erwarten wir bloß etwas von Wiesbaden oder Trier? Und wir erwarten nicht etwas, sondern ein Märchen. Die Widerlegung alles bisher Erfahrenen erwarten wir. Die Erlösung.

Gebimmel wär mir recht. Böllerschüsse, Jubelgeschrei, jede Sorte Volksfestlärm und Fahnenschwingen jeder Art und Oberbürgermeisterreden noch und noch, meine Erlösung.

Krumm fliehen im Grau der endlosen Ebene, kein Anstoß mehr, Duldung überall, erstickt die letzten Eigenschaftswörter, allerdings ertönt Gelächter.

Illusionen züchten in mehr als einer Plantage. Sobald draußen wieder eine Illusion klirrend zerspringt, kaure ich in einer meiner Plantagen und warte darauf, dass die Illusion aufblüht, die ich jetzt brauche.

Mich beunruhigt der Amateurklang meiner Klagen. Bei anderen schüttle ich den Kopf. Das macht den Amateur, dass er den Kopf nur bei anderen schüttelt.

Jeder weiß, wie alt du bist. Nur du nicht.

Es ist ganz deutlich, dass jeder Jüngere einen 65-Jährigen für sehr alt hält. Man spürt direkt, wie er in jedem Satz an eine Abgeklärtheit und Sterbebereitschaft appelliert, die man nicht hat. Wahrscheinlich ist das Altern eine Heuchelei vor Jüngeren.

Man kommt nach München in eine entsprechende Gesellschaft und muss sich trotzdem beherrschen. Geht es Ihnen auch so?, möchte man fragen und dazu aufzählen, was einem alles passiert, was man alles erfahren hat. Man wird sich also beherrschen, und man wird nicht sagen, warum. Und keine Kritik an irgendwem oder irgendwas. Noch einer, der etwas besser weiß! Nein, danke! Und jetzt muss ich das *man* verabschieden und *ich* sagen. Ich fühle mich nicht gerechtfertigt. Aber das ist meine Sache.

Konjunktivisch schweifen wie eine Möwe im Wind. Das meiste meiden. Wüsste ich, wie. Aus dem Inneren Glanz schürfen. Aber mit leeren Händen. Und ehrlos.

Wären wir fassbar von außen, könnten uns fühlen wie andere. Aber so eingesperrt, wissen wir nichts und müssen träumen.

Mir genügt jetzt, dass nichts ist. Sinnlosigkeit, plötzlich willkommen. Ich habe nicht ausgehalten, gehöre zu den Gebrochenen.

Das sind so Kostümproben der Seele oder des Bewusstseins.

Wir schlagen einander, als wären wir beauftragt.

Wir können nicht zusammen leben, aber einander am Leben hindern, das können wir schon.

Einander den Unglücksrang streitig machen.

Jeder Mensch ist der unglücklichste Mensch der Welt.

Unglücklich sein, ja, aber nicht auch noch sagen, warum.

Die neue Rassenlehre. Die Glücklichen und die Unglücklichen: Das ist der wahre Rassismus.

Wenn die Familien sich einrollen und der Staat verdirbt. Wenn alles, was geschieht, bezahlt sein muss. Wenn die Blumen den Achtstundentag verlangen. Wenn alle gleich unzufrieden sind. Wenn das Unglück ausgestorben ist und das Glück auch.

Uns mangelt es an Unglück. Das macht uns verwechselbar. Also heucheln wir Unglück.

Jedem sind die Grenzen des anderen deutlicher als seine eigenen.

Dass er nichts tut gegen sich, obwohl er nicht einverstanden ist mit sich. Dass er ist wie alle und doch ganz anders angesehen werden will als alle anderen. Auch darin ist er wie alle anderen.

Warum brennen, wenn ich denke, meine Sohlen so?

Ich bin unbereit. Ich lasse um mich herum einen Gürtel aus Leere entstehen. So geborgen war ich noch nie.

Der Wind ist still, die Fahnen flattern, ein Intellektueller führt Regie, jeder kauft sich den Kanal voll, dauernd kotzt der Moralist, vor dem Spiegel tut er's, weil er sich gern kotzen sieht. Und wir sind, schreit er, daran schuld.

Das Dasein ist überhaupt sinnfällig. Wenn auch nicht mehr als das. Es gibt nichts Verborgenes. Wenn jemand in irgendeinem Bereich etwas zur Sprache bringt, entsteht der Eindruck, er habe das entdeckt. Es gibt aber nichts zu entdecken. Alles wird produziert, nicht entdeckt. Es gibt nichts, ohne dass wir es produzierten. Einen großen Reiz üben auf mich solche Produktionen aus, die noch erleben lassen, dass sie aus nichts sind. Je solider etwas Produziertes wird, je mehr es den Anschein erwecken will, es sei auch, ohne produziert zu werden, existent, es müsse also nur entdeckt werden, um existent zu sein, je mehr etwas ein Entdecktes sein will, desto weniger wirkt es auf mich. Je mehr etwas ausdrückt, dass es nichts als produziert ist, desto anfälliger bin ich dafür. Desto weniger fühle ich mich getäuscht.

Wenn alles geschieht, um etwas Ungewolltes fortzusetzen. Es darf nicht bemerkt werden, dass alles keinen Grund mehr hat. Alles muss getan und gesagt werden, als sei es innigste Aufgabe. Du hast Erwartungen entstehen lassen. Erwartungen höchsten Grades. Diese Erwartungen kannst du nicht erfüllen, aber du musst so tun, als sei dir nichts so wichtig, wie auf diese Erwartungen zuzuleben und sie eines Tages zu erfüllen.

Von Gewissheit umstellt, widersprichst du.

Wenn alles plötzlich mit rechten Dingen zuginge, man wäre verloren.

Man lebt im Schutz verhindernder Umstände. Schon sie aufzuzählen könnte bedeuten, dass sie sich statt zum Schutz zur Vernichtung gruppieren.

Schiffe bäumen sich, wenn sie untergehen, auf. Fasse dich nicht. Bleib die Antenne für Verhängnis.

Andererseits: Die Sinn-Illusion produziert das Gefühl, du dürfest etwas zu Ende bringen, vollenden sogar. Dir werde nicht mitten in einer Bewegung alles aus der Hand geschlagen, glaubst du. Du werdest nicht, wie die Statistik befiehlt, in irgendeinem Tätigkeitsmoment über die Kante gekippt, glaubst du. Dein Inneres ist tapeziert mit Puppenstubentapeten. Das soll sich auswirken auf alle um dich herum.

Hör auf, verstehen zu wollen, was dir gesagt wird.

Wie man abgefertigt wird. Diese Tonart. Die Abfertigungs-Tonart. Die weltbeherrschende Abfertigungstonart.

In meinen Ohren wachsen gläserne Blumen, jeder
Atemzug klirrt. Ein Institut hat mich markiert. Das
Professoreninteresse nähr ich mit ausgedachten
Schreien. Nichts Natürliches mehr. Ich bin die For-
mel für den Prozess: zunehmende Einsamkeit. Jeder
hat das Gefühl, er bitte um so wenig, dass er nicht
einsehen kann, wenn ihm das nicht erfüllt wird. Das
wirkt auf ihn, als sei die Welt Milliarden Jahre unterwegs gewesen, um endlich in dieser Weltsekunde so
hart und gemein wie möglich zu sein.

Wieder einmal Herr Hellhuber. Diesmal fragt er, ob
ich wisse, wo Konradin seine letzte Nacht auf deut-
schem Boden verbracht habe, und spricht wie immer
weiter, ohne mich antworten zu lassen. Das Kollektive Unterbewusstsein habe Konradin dann nach
Neapel geschickt, das neue Zion, also Neapel sehen
und dann sterben, ist damals aufgekommen. Aber die
Wiedergeburt Konradins war eben Napoleon, dessen
Name von Laetitia Buonaparte stammt, die ihrerseits
eine Seeräuberin war, normannisch wie Wilhelm der
Eroberer. Und Beethoven, der Verehrer Napoleons,
schreibt dann die Hymne an die Freude, Laetitia,
nicht wahr. Trotzdem liegt Heisenberg falsch, wenn
er sagt, am Anfang war die Symmetrie. Volksetymo-
logisch war am Anfang die Eselsbrücke, sprich die
Assoziation. Sagt doch Abraham a Santa Clara schon,
wenn einer unter einem Strohdach geboren ist, ist es

nicht sicher, dass er dann Stroh unterm Dach hat, also im Kopf, nicht wahr. Ich glaube, ich spreche trotz meiner Macke ziemlich fließend. Wenn es mir gelingt, rechtzeitig auf ein Synonym auszuweichen, stottere ich fast nie. Ich muss nur, wenn eine leere Stelle droht, auf ein Synonym springen. Aber wenn das gelingt, geht es doch, oder nicht? Sie sind ja ein sehr geduldiger Zuhörer. Ich habe fast den Eindruck, dass Sie sich zu wenig zutrauen. Und dann, gewissermaßen entgegenkommend: Ich lege auf. Und tat's.

Das Unglück geht barfuß, unangemalt, und blutet süß. Die Stimmbänder zerschnitten, gelöscht das Augenlicht. Die Schwärze zischt. Ich bin's. Reicher, als ich weiß. Nur zählen darf ich nicht, sonst bin ich arm.

Nichts mehr wissen wollen von sich macht sofort unsterblich.

Vorsilben sind der Versuch, mit einer logisch aussehenden Operation ein aus Erfahrung stammendes Wort seiner Schwere zu berauben. Beispiel: Unsterblichkeit.

Hauptwörter, von denen es keine Tätigkeitswörter gibt, muss man mit Misstrauen benutzen. Tätigkeitswörter, für die keine Hauptwörter da sind, sind besonders vertrauenswürdig.

Ich möchte die Richtung sein, die dieser Satzbeginn versammelt. Ich möchte, was gespart ist, in diesem Anfang, spüren. Ich möchte Halt haben durch tausend und tausend Jahre und sieden im Augenblick jetzt.

Das Meiste ist, und lässt sich machen, Geräumigkeit, wenn auch nicht als Ziel, aber sie bildet sich aus durch Nutzung eines Vermögens der Bewegung. Am Anfang ist jeder ein reicher Bettler, am Ende ein armer Fürst, der durch Hallen tanzt mit seinem Partner Tod.

Das Wasser spielt mit Mondschein, mit den Bäumen spielt der Wind, ich spiele mit mir.

Himmelwärts ziehen die Wörter aus dem Mund der Verlierer, eine Sprache für kein Ohr, nur weil wir nicht stumm sind.

Viele Bäume wachsen in meinem Kopf, die in der Welt nicht mehr wachsen. Ausgestorbenes ist in mir zu Haus. Ich bin ein blühendes Grab.

Vom Wasser erfahr ich, der Wind sagt es auch, es sei noch nie etwas Übles geschehen. Die Sonne sagt sogar, dies sei das Paradies. Ich kann, von Wärme gehalten, umwachsen von Blumen und Grün, nicht widersprechen. Dies ist der Tag, an dem die Geschichte aufgehört hat.

Die schönsten Blumen, mit Schmerz gedüngt. Im Gesang lernt der Schrei sich kennen. Schicksalsschwärze macht die Farben hell. Ich bin leicht von schwerer Erfahrung.

Möchte sein wie summend, honigherzig, weltcapabel, überirdisch aufgelegt. Mir wachsen wahrscheinlich Zweige aus dem vom besseren Wissen verschlossenen Mund.

Am liebsten am längsten bleiben, nicht wissend, was sonst noch ist. Ich sperre mich gegen Unterrichtung. Ihr wollt mich beherrschen durch Information. Ich soll sein, wie ich nicht bin. Ich soll werden, wie ihr es wollt. Ich bleibe. Die Kurve führt zurück. Das Sein hat keine Zeit. Es schimmert. Es schwebt. Es lebt.

In Idyllen sich bergen, haselnussfromm sein, knien zwischen Sträuchern, eine Schulter in der Sonne, die Ohren voller Vogelsang. Wie es nicht ist, soll es sein. Das denken zu können ist zum Jubeln.

Wenn ich auf Gedichte träfe, von mir, unschuldig gewachsen unter dem Baum der Zeit, den Ästen des Lichts. Am liebsten wäre jeder zuverlässig in einer geschichtlichen Sprache. Ich werde der Leere keinen Namen mehr geben. Deutlicher als der Wind will ich nicht sein. Ziegelsteine haben auch, wo sie zusammen sind, keine Geschichte. Wir feiern die Folge wie einen Sinn.

Verschiedener Bäume verschiedene Blätter verhalten sich, weil sie an sehr verschiedenen Ästen wachsen, sehr verschieden im Wind.

Ich möchte Ovid heißen und so lange tot sein.

Fälschen genügt nicht, hinrichten musst du das Gefühl, jedes. Falls eine Seele sich bemerkbar macht, sag', es gebe sie nicht. Ausatmen.

Ich kann mich hoffentlich nicht auf mich verlassen.

Paul Gauguin teilt mit, van Gogh habe das Ohr, das er sich abgeschnitten hatte, eingewickelt und in dem Bordell, in dem er Kunde gewesen war, abgegeben.

Quälen oder gequält werden, etwas anderes gibt es nicht.

Jeder Tänzer hinkt, wenn er nicht tanzt.

Die Unwiderlegbarkeit des Schweigenden.

Meine Armeen haben einen schweren Stand. In München, Klagenfurt und Bern. Es gibt keinen Oberbefehl. Trotzdem sind die Armeen auf fatale Weise an einander gebunden. Das Unglück der einen wird immer auch zu einem Unglück der anderen. Ja, sogar das Glück der einen könnte zum Unglück einer anderen werden. Das ist die Verletzlichkeit durch Zusammenhang.

Solange man Geld verdienen muss, muss man sich beleidigen lassen. Das muss jeder.

Ich komme mir vor wie eine leere Blechdose, die nur Geräusche gibt, wenn man sie kickt.

Bin ich schon draußen, bin ich schon weg, hab ich's geschafft, fort zu sein? Solang du fragst, bist du noch drin.

Dass so jemand sich noch verbeißt in etwas Lebendiges und so tut, als könne er noch etwas wollen. Carcassengezucke.

Herausgefallen aus den Vokabularen, liege ich bloß und unglaubhaft. Dem Regen ein Kunststoff, der Kultur ein Dreck. An meinen Nägeln kau ich unersättlich. Sehnsucht schneit mich ein. Alle Glocken gelten mir.

Jeder, der bestraft wird, will bestrafen.

Die vorauseilende Leere hat mich erreicht. Eiskalt ist alles Entschiedene.

Undurchschaute Notwendigkeiten werden von manchen als Freiheit empfunden.

Zum Glück dauert keine Herrschaft, wenn auch jede zu lange dauert.

Unter unseren Umständen ist jede Ruhe trügerisch.

Immer umständlicher im Rechthaben bei immer kleineren Sachverhalten. Rechthaben tut weh. Unrechthaben auch.

Nichts negieren. Negieren heißt, du willst dich nur an die Stelle des Negierten setzen. Negieren heißt, alles soll beim Alten bleiben, nur ein anderes Personal will sich produzieren. Regierung und Opposition negieren einander.

Wem gehört schon alles, bevor es mir gehört?

Das Einzige, woran man Fortschritt messen kann, ist das Zurückgehen von Herrschaft.

Auswandern zu Aeschylos. Bitte, hilf mir, mein Leid so lächerlich zu machen, wie es ist. Kothurn her und Maske, Weitblick und Götterzeug, bis ich im alles enthüllenden Nebel ganz verschwunden bin. Und mir nie mehr begegnen muss.

Tust du genug, um Hunger und Furcht zu vertreiben? Wie bequem hast du's? Schicksalsrabatt, das ist dein Fall! Merkwürdigkeitskrämer. Ablasshändler. Feuilletonist. In Bäche verliebter Mörder. Gedankenkränze flechtend deinem verfluchten Grab. Nachtschrat, grinsender. Wörterer.

Die mittlere Melodie, Kaspertum, Referenzzirkus halt, sich zu spüren, Einbildung eines Unterschieds zwischen lebendig und tot. Wisch die Witze weg, lass dich gehen, bis du deinem Mund trauen kannst, falls er der Zeit zulieb aufgeht.

Umschau' nicht, nicht voraus, genagelt in den Augenblick. Krallen wachsen den Wörtern, wir sieden, bis die Messer jede Regung quittieren mit einem Stich. Süß wie zwei Raben singen wir, ich lauter als du.

Lasst mich hinaus. Wer nichts bezahlt, hat Ruhe von mir. Wer bezahlt, muss mich hören. Das geht vorbei. So lange, wie es schon dauert, dauert es nicht mehr. Das verspreche ich. Und die grünroten Schuhe ziehst du an auf der nächsten Reise. Erlöse mich, o Herr. Lass meine Schuhe aufflammen, wenn ich das Podium betrete. Verbrenne mich gnädig im Nu. ... *möchte ich Sie hiermit gerne als Festredner für unser 11. Europakolloquium gewinnen ... zur Teilnahme an dem Projekt Neue demokratische Institutionen für die Zukunft einladen ...* Angeboten habe ich: Das 19. Jahrhundert ist immer Glockenklang, das 20. Schüsse, was das 21. ist, sagt der Vortragsreisende erst, wenn er auftritt. Meine Vortragtätigkeit hat die paar Feinde, die ich hatte, lahmgelegt. Als ich Bücher schrieb, konnten sie unter dem Vorwand, sie schrieben über mich, gegen mich schreiben. Es gab Geltenlasser und Geltenlasserinnen, farbenreich und klangreich. Aber die Feinde waren immer lauter. Die Geltenlasser und Geltenlasserinnen wirkten stark und froh. Daraus schloss ich, man muss stark und froh sein, um einen anderen gelten lassen zu können! Meine Feinde sind lustig, sind munter, aber nie froh, das darf ich schon sagen. Und muss ergänzen: wenn sie sich mit mir beschäftigen. Das ist mir vorzuwerfen. Ihre angejahrte Blässe und Munterkeit erlauben es mir, sie gelegentlich in meinen Vorträgen zu erwähnen. Nur in den Einleitungen. Wenn ich mitteile, warum statt Bücher jetzt Vorträge. Ich sage, das Wirkliche frisierend, das Publikum habe es meinen drei Hauptfeinden zu verdanken, dass ich Vortragsreisender geworden sei. Dann charakterisiere ich sie kurz: Der erste ist blass, der zweite munter, der dritte blass und munter. Und in das Gelächter hinein sage ich, dass ich mir, wenn ich so rede, vorkomme wie eine Imitation meiner Feinde. Die Geltenlasser und Geltenlasserinnen kann ich nicht erwähnen. Ich könnte ins Schwärmen geraten, und das könnte die Geltenlasser und Geltenlasserinnen diskreditieren. In dieser Branche kann man nur durch Nichtgeltenlassen zur Geltung kommen. Ich gestehe meinen Zuhörern gern, dass ich gern Vortragsreisender geworden bin. Es möge anmaßend klingen, sage ich dann, aber die Vortragstätigkeit ist mir gemäß. Sie ist flüchtig. Ich bin flüchtig. Dass ich nur noch für Geld rede, sage ich nicht. So etwas kann man nur schreiben. Ins Buch. Das Medium der Selbstwiderlegung. Der Vortragsreisende ist die Illusion, also der Sauerstoff der Seele. Geerbt vom Vater, dessen Wunsch es war, ein Referat über Friedrich Nietzsche zu halten. Mein Vater war der geborene Nietzsche-Referent. Über Nietzsche zu sprechen war sein Wunschtraum. Dass er nie eingeladen wurde, über Nietzsche zu sprechen, war sein

Dilemma. Mit achtundvierzig ist er gestorben, weil er nicht eingeladen wurde, über Nietzsche zu sprechen. Geheiratet hat er erst mit achtunddreißig. Als er von einem Mädchen erfuhr, sie sei am 25. August 1900 geboren worden, hat er sie geheiratet. Der 25. August 1900 war Nietzsches Todestag. An einem 25. August wurde geheiratet. Mein Vater hätte über Nietzsche sprechen können, auch wenn er nie lesen gelernt hätte. Weil ich das weiß, bin ich Vortragsreisender geworden. Das Nietzsche-Referat ist auch mein Wunschtraum. Wunschträume sind vererblich. Mein nächster Vortrag: Unwillkürliche Äußerung. Nicht wissen müssen, wie und wo es einen anderen berührt.

Predigt: Enden wollen. Ernsthaft. Sofort wärst du überragend. Du müsstest nur Schluss machen. Aber wenn du nur Schluss machen willst, um überragend zu sein, bist du nichts. Du musst nichts sein wollen. Dann bist du alles. Aber du musst wirklich nichts sein wollen. Ohne Hintergedanken. Wie zerstampft man Hintergedanken?

Wenn er jemandem gestünde, dass Herr XY der Anführer einer feindlichen Truppe ist, die immer die Quartiere besetzt, in denen er sich gerade einrichten will, dann würde man ihn mit bezeichnenden Fremdwörtern versehen. Da es nutzlos ist, schwer Erträgliches mit ihm fremden Wörtern zu bezeichnen, behält er seine Erfahrungen für sich.

Nichts ist richtig getan. Offen bleibt, vorwurfsvoll, alles. So viel kann nicht, wie mir verziehen werden müsste, verziehen werden.

Das Aufatmen, wenn in der Tagesschau, nachdem Bilder von Verwüstungen eines jüdischen Friedhofs gezeigt wurden, gesagt wird, die Ausschreitungen seien in Frankreich vorgekommen.

Alles, was in dem, was ich notiere, nach Vorwurf klingt, nehm ich zurück. Es hat alles nur mit mir selbst zu tun. Dafür bin ich die einzige Adresse. Dafür gibt es das Selbstgespräch. Mein Selbstgespräch ist Schweigen.

Rohzustand will ich sein. Ungelenk, brechen, brennen, weggeräumt werden müssen, den Feinden eine Arbeit, überhaupt eine Klimaverschlechterung.

Wenn man kein Genie ist, darf man nicht verkannt werden. Kein Genie zu sein und doch verkannt zu werden, das ist die Katastrophe.

Jeder hält sich für Hölderlin. Nur Hölderlin nicht. In einem Brief an Schiller *(«... verehrungswürdiger Herr Hofrat ...»)* nennt er sich *res nullius.*

Wo bin ich? Ich kann mich nicht finden. Es ist, als wäre ich mir endlich entkommen. Habe ich Sehnsucht nach mir?

Ich bin noch einer, aber kein anderer als ich. Ich bin die Fortsetzung von mir. Ich klage um mich eher, als dass ich mich vorhersage.

Ein ums andere Mal schau ich, allein jeder wartet auf jeden, keiner kommt.

Man muss jemanden haben, zu dem man spricht bzw. betet. Wir sind zur Zwiesprache angelegt. Von alters her. Schon noch lieber mit Gott reden als mit Menschen. Es rächt sich weniger.

Heute fing Herr Hellhuber so an: Was mich nicht überfällt, daran erinnere ich mich nicht. Er sei hörig dem Kollektiven Unterbewusstsein. Alle Diktatoren sind abergläubisch. Seine Frau ist sein psychischer Akkumulator. Sie zieht das Buch heraus, an das er denkt. Er habe das geistige Erbe Heideggers zu übernehmen, und Heideggers letzter Wunsch sei gewesen, dem Parapsychologen Bender zu helfen. Heute braucht er meinen Rat. Was soll er machen? Schreiben? Er hat Angst vor der Technik der Vervielfältigung. Die ist eine einzige Verdrängungs-Maschinerie. Natürlich ist das Kollektive Unterbewusstsein das Reich seiner Frau. Einerseits hetzt sie ihn, andererseits nimmt sie ihn auf. Der wichtigste Satz des Markus-Evangeliums sei auch heute noch, IHR ist er zuerst erschienen, nämlich Maria Magdalena, also eine Frau ist der Ursprung des ganzen Christentums. Jesus Menschensohn entsteht aus einer falschen Übersetzung, ben wurde mit bar verwechselt, statt Sohn Gottes heißt es einfach frommer Mensch. Selma Lagerlöf kannte sich nämlich aus in Jerusalem, aber in Alexandria auch. Er selber sei im Arabischen nicht so firm. Aber Mohammed komme ja auch mit einem sehr geringen Wissen aus. Das Schlimmste für die Teufel heute sei zu wissen, wer Gott ist. Ignota lingua loqui pluribus verbis, vel loquentem intellegere. Und legte auf.

Das Leben wird, je länger es dauert, umso deutlicher zu einer Folge von Demütigungen. Die gelingen immer besser, d. h., sie sehen aus wie Gerechtigkeit, man hat sich nicht zu beschweren. Es ist ein Kampf, den man verheimlichen muss. Manchmal mehr Box-, manchmal mehr Ringkampf. Wenn ich öffentlich erklären würde, dass alles, was mir zugefügt wird, keine Demütigung, sondern rechtens ist, wenn ich den Anspruch, der mir bestritten wird, zurückziehen würde, wäre sofort Ruhe. Frieden, stiller Abend. Zum Glück leiden wir nur an der Unerfüllbarkeit unserer Ansprüche. Der große Schlag hat uns noch nicht getroffen. Immer geht er neben uns nieder. Immer weit genug weg.

Unter diesen Bäumen. Als bliebe man. Und die Vögel sind das Geschmeide der Welt. Und die Welt ist der Hals einer Frau, die geliebt wird.

Verminte Fratze, mein Gesicht, Staubsaugergeräusch meiner Seele, wenn ich weine. Träum ich, blüht der Beton.

Verstoßen sein als ein Allgemeines fühlt sich gut an. Aber jeder Stoß und Schlag, bis man's ist, tut weh.

Witzig zu sein macht keinen Spaß.

Das Gestotter der Seele hat sich, je älter man wird, umso mehr auf Atemlosigkeit eingerichtet, ist weder ein Laut noch ein Zeichen, aber auch keine Empfindung, sondern eine rhythmisierte Leere.

Das Alltägliche ist das Ewige.

Hätte ich, wenn ich, wie ich wollte, gewesen wäre, glücklicher sein können? Ach Verlust, du bist von allen Fälschern der schlauste.

Dass die, die einen warten lassen, das überhaupt nicht merken.

Nichts tut so weh wie das, was nicht beabsichtigt ist.

Gesteigerte Abwesenheit. Abwesend, abwesender, am abwesendsten. Wer das nicht kennt, liebt nicht.

Von Schmerzlawinen hingerissen.

Die Sehnsucht ist da, bevor sie ein Ziel hat. Die Sehnsucht findet jemanden, dem sie dann gilt.

Ich möchte die Dächer tragen, wie es die Säulen tun.
Nur nichts Erfundenes.

Die schweren Uhren habe ich abgelegt, mich holen
kleine Melodien ein, für Bäume interessiere ich mich
mehr als für Menschen.

Solange dich noch etwas enttäuscht, liegst du falsch.

Ich werde durch das, was ich ertragen muss, emp-
findungsärmer, also härter, also unerträglicher für andere.

Immer weniger gern tu' ich etwas Sinnloses. Viel lieber tu' ich nichts. Nichtstun, in der Tat, tut mir gut.
Sobald ich drin bin im Starren, stirbt jeder Reiz, die
Unruhe erlischt in der Masse, ich habe nichts mehr
einzuwenden.

Für andere etwas tun: Diese Kraft ist schwächer geworden. Böse sein, und es wissen.

Warum kann ich mich nicht in Ruhe lassen?

Wie schweigsam muss man werden, um mit sich einverstanden zu sein?

Stachel, unhistorisch zwischen Blüten. Ich gehe am Waldrand an allem vorbei. Ich bohre mit dem Finger Schattenkraut heraus, Farn soll herrschen hier. Weil uns nicht vergeben werden kann, knien wir abseits im Grünen und sorgen für die Kleinigkeit. Zusammenfalten möchte ich mich bis zur Unverständlichkeit. Jemand erledige den Rest. Es lebe die Niegewesenheit.

Betrübnis ist eine weiche Last. Vielleicht feucht und gedehnt, inklusive Wärme. Rufe fehlen. Gerufen, wüsste ich, was ich will.

Identität durch Dazugehören. Das verstehen die, die jetzt frei aufwachsen, nicht mehr. Ihre moralischen Entrüstungen sind für uns fast uninteressant. Oder Hinweise darauf, dass etwas besser geworden ist. Aber durch wen?

Wenn mich einer anrempelt, sage ich: Entschuldigung.

Auch wenn man mir freundlich begegnet, ich verteidige mich.

Ich wäre so schnell bereit, glücklich zu sein, liefe herum wie eine Schlagermelodie, wenn nicht diese Rabenschwärze täglich herabschneite und mich eindeckte bis zum Ersticken.

Zugeben, dass du jetzt da bist, wo du gern mit Verachtung hingeschaut hättest.

Ich sehe mich nicht gern eingemeindet bei denen, denen es geht wie mir. Ich will keine Genossen. Die Widerwärtigkeit des Ähnlichen.

Immer von selbst gegen die mächtigste Strömung. So ein Partikel ist man. Man hat nicht recht, sondern eine Richtung. Und kann nichts dafür.

Soll ich mich in Spucke kleiden, mit Messern Frieden schließen und Bäume mir ins Knopfloch stecken? Ich soll, glaube ich, beten. Lachen und beten.

Zeitblind werden, wie man sehblind werden kann.

Ein lächerlicher Mensch. Und kann nicht mitlachen, wenn über mich gelacht werden muss.

Weh dir, wenn du das Lachen verlernst.

Ich will das Dunkel wachsen sehen. Im Himmel schwankt der wilde Lärm, meine Lippen sehnen sich nach einer Hostie, mit der die Welt zergeht.

Zum Gähnen geneigt. Kein Recht auf etwas. Ruhend im Beutenest. Bis zum Hals in Privilegien. Das steinerne Herz meldet Schmerzen.

Kaum hat mein Besucher Platz genommen, sagt er, woher haben Sie bloß den Akzent in Ihrer Sprache. Diesen Akzent, sagt er, bemerke ich heute zum ersten Mal bei Ihnen. Ich gestehe, dass ich tags zuvor auch einen Besucher hatte. Mag sein, sage ich, dass ich zu gut zugehört habe. Das sollten Sie vermeiden, um Ihretwillen, sagt mein Besucher streng. Aber bitte, sagt er, kommen wir zur Sache. Und er fängt an, mir vorzutragen, was er mir vortragen will, bis in den späten

Abend. Ich höre ihm, auch wenn ich schon träume, immer noch aufmerksam zu. Morgen werde ich seinen Akzent haben.

Dass ich mich andauernd zu etwas verpflichtet fühle, wozu ich, wie sich dann herausstellt, gar nicht verpflichtet gewesen wäre, das macht das Leben beschwerlich.

Ich möchte nicht mehr vorbeifahren an allem. Ich möchte bleiben. Wo ich wäre, wäre ich bei mir.

Ich bin ausgelaufen. Dann vertrocknet. Hat mich jemand aufgewischt, war's Gott.

Sich in Decken lehnen, heraus sein aus der Kälte der Welt. Nichts zu sagen haben, aber viel zu essen. Dann eine Religion verbreiten, deren Gott du bist. Bei Jesaia gelernt: Ich bin der Herr, und sonst niemand, außer mir gibt es keinen Gott.

Die Gratisherrschaft errichten über alle. Das will jeder. Wer hat dir das eingesagt, dass du nicht nachgeben dürfest, bevor du nicht alles hast?

Keine Macht für Niemand. In grüner Schrift auf Beton.

Verzweiflung ist auch ein Fremdwort. Man weiß, was es sagen soll, aber das Wort versteht man nicht.

Ich suche Verbindung zu mir. Ich habe mich verloren.

Ich sehne mich nach einem Tod bei Lebzeiten.

Das Gefühl, eine kraftlose Überschwemmung zu sein.

Das Unglück als Magnet. Oder als Planet, dem ich per Schwerkraft hörig bin.

Sehnsuchtsschmerz erniedrigt mich.

Ich liebe alle Frauen der Welt. Das kann keiner einzigen recht sein.

Er will eine dazu bringen, ihn mehr zu lieben als sich selbst. Er will eigentlich, dass alle zur Zeit lebenden Menschen ihn mehr lieben als sich selbst. Da er nicht weiß, wie er das zustande bringen soll, fängt er einmal mit einer an. Vielleicht kann die dann anderen beibringen, wie man ihn mehr liebt als sich selbst.

Ödipus mag Jokaste nicht mehr. Sie ist ihm einfach zu alt. Also erfindet er, sie sei seine Mutter. Und am Ende kommt Dr. Freud und glaubt das auch.

Wenn, wer Zähne hat, seine Wut spazieren führen muss als Lamm.

Zäune aus Ekel bewachen mich, silbern blühen Blumen aus Hass. Eine Lücke möchte ich sein im Zaun der Welt. Hereinströmen sollte durch mich das, was nicht herein darf.

Als nichts mehr kam, protestierte er zum Schein. Er machte sich eine Enttäuschung vor. Er fühlte sich bestätigt in seinem Weltgefühl.

Ich bin eine abgewählte Regierung, die nicht geht.

Jedem böse, der dich nicht retten kann.

Dröhnende Leere im Kopf, Lieblingsmusik. Die Erde ächzt in den Angeln der Schwere. Vom Sehnen matt, schau ich ins Licht. Meine Flügel sind schmutzig geworden. Der Exmoderator Günther Nenning liest in Bremerhaven. Von mir weit weg bin ich, ein Straßenschild ohne Namen. Unsterblichkeit heißt meine Konserve, Nabelschnur mein Lieblingsschmuck. Ich werde mich nie wieder sehen.

Ein Anruf aus Ofterschwang. Er sei der geistigste Mensch, der zur Zeit in Deutschland lebt. Seien Sie überzeugt, dass Sie nicht mit einem Verrückten sprechen. In seinem Kopf die tiefsten Gedanken, die je ein Mensch gedacht hat, seit Christi. Er weiß, wie die Welt entstand. Er hat eine verzweifelte Ähnlichkeit mit Hölderlin, Kleist usw. Er hat schon alles geschrieben, darf aber nicht an die Öffentlichkeit. Er kann in einem Satz ausdrücken, warum die Welt erschaffen wurde. Den Grund für seinen Anruf konnte nur Nietzsche formulieren: Das Alleinsein mit einem großen Gedanken ist unerträglich. Legt auf.

Wo du bist, fehlst du. Eine Vogelscheuche bist du in einem Land, in dem es keine Vögel mehr gibt.

Niemand hat mir so weh getan wie ich. Ich bin in der Falle gefangen, die ich mir stellte. Ich bleibe meine einzige Beute. Mein Schatten lacht mich aus.

Auf meinen Wegen wachsen Vorwärtsblumen. Ich haste zum Grab.

Mein Tod spricht Dialekt mit mir.

Immer wenn jemand stirbt, mit dem man zu tun hatte, spürt man eine Zusammenziehung des eigenen Wesens. Man darf das eine unwillkürliche Konzentration nennen. Man wird mit jedem Tod kleiner.

Jede Nachricht, dass jemand gestorben sei, trifft immer auf die gleiche Stelle. Es darf jetzt niemand mehr, mit dem ich zu tun hatte, sterben. Sonst …

Ich habe mein Leben verbringen wollen unterm Schutz sorgsam gepflegter Illusionen. Die Wirklichkeit hatte nur beschränkten Zutritt. Lüge nennt man das. Ich habe das immer als die Ermöglichung empfunden.

Ich will immer weniger. Ich zwinge mich. Ich habe mir das so angewöhnt, dass es fast von selbst geht. Trotzdem empfindet man das Sichzwingen als eine Anstrengung. Anstatt liegen zu bleiben, steht man auf. Meine Schwermut hat körperliche Ursachen, das ist sicher. Mir könnte geholfen werden. Dieser Konjunktiv ist vollkommen abstrakt. Nicht von dieser Welt.

Der Regen trifft mich nicht. Die Sonne scheint an mir vorbei.

Linien, die sich verlieren im Irrlicht, Bauten der Seele stürzen lautlos ein, um mich herum suchen Zungen nach Lauten, im Argen liegt, sich sielend, Gott, Kunststoffknie gibt's für Beter zu kaufen.

Ich bin gezwungen, einen Ton von mir zu geben, einen gleichbleibenden, langgezogenen, nie enden wollenden Ton, der deutlich höher ist als meine normale Stimmlage. Ich muss diesen Ton möglichst ausdruckslos halten, weil es sonst klänge, als heulte ich. Ich kann mich nicht wehren gegen diesen Ton. Schon wenn ich nur daran denke, mich zu wehren, wird er wild. Er würde mich blamieren.

Zerfetzte Fahnen, eisige Gluten. Mein Herz hängt am Vergeblichen. Lügen für Wahrheit zu halten ist mein Talent.

Der Versuch, etwas Schönes zu machen, nimmt zu an diesem gleißenden Tag. Die Fähigkeit nicht. So wächst Unglück.

Das Leben streckt sich nach mir und erreicht mich nicht.

Solang ich nicht gestehe, wie schwach ich bin, bin ich nicht so schwach.

Der Autor hat so wenig Flügel wie der Leser. Weil er keinem Beruf nachgeht, der ihn ablenken könnte, weil er von Berufs wegen die leere Stelle fühlt, an der die Flügel wachsen müssten, deshalb empfindet er den Mangel an Flügeln besonders. Darüber lässt er sich aus. Es bedarf dazu keiner Phantasie.

Ausgeblutet lieg ich auf den Stränden der Zeit. Kunstatem hält mich am Leben.

Die groteske Beschränktheit des Möglichen. Die Unglaubwürdigkeit des Wirklichen.

Als die Kunst nicht mehr gekonnt werden musste, hat die Kunst des Behauptens begonnen. Die Erfindung des 20. Jahrhunderts: Der Künstler ist die Kunst.

Jeden Irrtum mit dem nächsten bezahlend, schlüpfen wir dem Schicksal durch die Maschen, vor Erfahrung dumm. Ich lebe mit dem Kunstherz der Lüge, verordnet jeder Atemzug. Ich arbeite an meiner Blendung. Noch sehe ich zu gut.

Meine Sehnsucht deuten. Verstehen, was mich so von mir trennt. Nirgends zu sein, wo ich bin. Tot gehör ich mir wieder.

Ein hämisches Gestirn. Eine Lachnummer der Mond. Leider eint uns die Schwere. Wir sind die Jäger und das Wild, und der Gott, der zuschaut, auch.

Die Sonne tut heute wieder einmal so, als wäre alles in Ordnung. Entweder hat sie keine Ahnung, oder sie lügt.

Sehnsucht ist eine blutende Wunde. Forschungsreisender im Schmerzkontinent. Den Fahrplan in der Brust. Keine Ankunft, nie.

Wenn etwas verloren ist, entsteht ein Gefühl. Nichts entwickelt sich in uns zu solcher Deutlichkeit wie Verlorenes. Die Schärfe, in der uns Verlorenes erscheint, nimmt zu.

Aus meinen Träumen habe ich Tapeten gemacht. In meinen Zimmern geht die Sonne nicht unter. Eine Maschine übersetzt eindringende Sprachen ins Unverständliche. Das Glück bittet mich um den nächsten Tanz.

Sturzblumen wachsen aus den Wunden der Heiterkeit. Kopfüber trachten wir ewig. In den Sätzen prahlt die Welt. Angebetet gehört, was ist. Pracht lacht. Jede Nacht lodert.

Überflüssig, blutigen Mohnblumen gleich, sich den Tod geben, Ungeduld blüht, Nasenschleimhaut sagt weise voraus, Fakten schmeicheln sich ein, über schmierige Landschaften rutsch ich, bis mir der Horizont das Genick bricht.

Interessant, wie lange man stürzt, bis man aufschlägt. Schlimm, dass man den Sturz nicht beschleunigen kann. Die Lächerlichkeit der Beendigungsrituale.

Wie frech ist alles, was geschieht. Wie unduldsam und laut.

Mich hinzurichten bitt ich umsonst. Meine Mörder sind gegen die Todesstrafe. Taub ragt das Ohrengebirge in den Himmel aus Gnadenlicht.

Die Welt ist aus dem Kunststoff, aus dem die Wörter sind, die aus nichts sind.

Blutend durch die Tage, nachts den Mund auf die Wunden pressen, die der Mund erreicht.

Das bisschen Gehör links und rechts, und dazwischen die riesige Strecke Taubseins.

Die Wörter kommen aus mir, ohne mich gefragt zu haben. Rasant und laut. Sie müssen verhindern, dass ich mich melde. Käm ich zu Wort, wär ich verloren.

In den Mythen- und Märchenroben des Erzdichters stecken bloß bürgerliche Zeitgenossen mit ihren Süchten und Ängsten.

Die Seele ist ein Netz im Kopf, das sich zusammenzieht zu einem Schmerz. Die Seele ist der Druck, der links entsteht und in die Mitte wandert und Enge heißt. Die Seele ist das, was weh tut. Sonst nichts.

Straußenfedern flirren durch den Himmel, die Orgel namens Himalaya bebt. Alle meine Fasern schreien vor Glück, sag ich, weil's der Folterer verlangt.

So laut, dass die es später noch hören, kann keiner schreien. Auch mein Schrei überlebt mich nicht.

Beim Befestigen der Betten, die sich aus der Halterung an den Fußenden gelöst hatten, bekam ich Nasenbluten.

Mein Nacken gleicht dem Hirtenstab und wartet auf die Hand.

Wenn die Flüsse unwissend sind, sind wir's auch. Höchstens die Bäume kämen durch ihre Standhaftigkeit und weil sie weiter reichen, hinaus über unsere Verblendung, die Zeit.

Meine Tage vergehen von selbst. Ich mische mich nicht ein. Ich bin ein Fleck, der trocknet. Ich werde nicht gewesen sein.

Das Messer nehmen, die Ader ritzen, im Bad bleiben, keine Umstände machen, das ewige Taumeln beenden. Zusammensacken, sich wieder aufrichten. Schon bevor du aufgerichtet bist, sackst du wieder zusammen. Nicht jeder Tag ist gleich, der heutige ist schlimm, den übersteh, entscheide nichts, wart ab bis morgen, es könnte sein, dass du morgen etwas zu essen bekommst, wofür es sich lohnt, am Leben geblieben zu sein.

Gehüllt in eine Schwere, warm und süß, im Abseits geborgen, fast schon fähig, nichts zu denken, komm ich mir vor wie ein verstummter Musiker.

Höchstsommer. Auf dieser Sommerhöhe bleib ich. In jedem Satz soll es blühen und steigen, glühen und prassen. Mit mir fliegt die Zeit. Ich räkle mich nackt im Hummelpelz. Früher war ich ein Mensch. Jetzt fragen mich Vögel nach dem Weg. Wir sind entkommen.

Mein Freund soll sein, der noch singt, dem Wind die Hand gibt. Die Hunde kennen ihn. Er trägt Wolken von da nach da, die Brunnen rauschen, wenn er sich nähert. Er wohnt in Häusern, bei deren Erbauung Fehler gemacht wurden, sowohl von den Architekten wie von den Maurern.

Keine Satzbauten, die so tun, als tue sich durch sie etwas. Es wäre schön, wenn man immer schreiben könnte. Natürlich müsste das, was man schreibt, überraschend sein für den, der schreibt. Er müsste sich wundern können über das, was da, ohne dass er es beabsichtigen kann, aus seiner Hand aufs Papier kommt. Kein Verbum weit und breit.

Es ist wirklich nicht das schön, was verboten ist, sondern das ist verboten, was schön ist.

In einem Wald aus Wünschen wandeln, keinen Rand erreichen, einladend fürs Licht, knien im Sprachlaub.

Einzig bin ich nicht, aber allein.

Den Schrei kultivieren, dass er sich anhört wie Gelächter. Belehrbar scheinen: überhaupt scheinen. Lass aus deinem Mund Perlen strömen, wenn du kotzen möchtest. Du bist der Erste, der die Perlen für echt hält.

Enthoben sein, übers Tal hin schauen, fortwährend glühen, Wunder spüren, Quelle sein bestimmten Gesangs.

Wenn noch Ekel gelänge. Spuck dich selber an. Die Glocken läuten. Das Gelächter geht in die Knie. Jetzt kotz halt schon. Lautmalerisch. Dein Leben ein Imitat.

Nacht muss es sein, dass die Zitate erwachen, der Verlust den Himmel füllt, den es nicht gibt. So tun, als ob, ist meine Welt, die es nicht gibt. Zum Glück. Die Bäume stehen um uns herum, als wären wir da. Auch die Bäume sind Heuchler. Wem ich nachweine, weiß der Mond, mein Vertrauter von Anfang an. Auf seiner Rückseite will ich begraben sein im kostbaren Staub keiner Geschichte. Weltallruß, meine Blumen. Das Universum, ein Denkmal der Metapher. So träumst du dich hinein in die Ausdruckslosigkeit, die diesem Augenblick gebührt. Dass es heißt, es habe Münder gegeben, heißt nichts. Singsang der Materie. Es wird nichts mehr getauft. Ein Nagel ging im Paradies spazieren, vertat sich, flog, kam zu sich, als es ans Kreuzigen ging. Vom Sinn ist nur das Wort geblieben. Jetzt ist alles gut.

Wörter, zögert nicht, bei mir habt ihr zu tun. Ohne euch ist nichts. Mit euch ist nichts, aber nichts als etwas, nämlich Wörtlichkeit. Wächter eines jeden ist der von ihm erzogene Schmerz.

In den Apfel beiß ich wie in ein Geheimnis, von den Sträuchern, die aus meinen Ohren wachsen, ernte ich endlich erlösende Beeren.

Durchsichtig wie ein Wunsch. Auf die Schultern zu nehmen. Vor Leichtigkeit fliegen. Aber nicht weiter als gewollt. Zugeben, dass hier gelebt werden könnte, wenn … Zerknirscht seh ich euch in die ausgeweinten Augen.

Wir wissen mehr, als nötig wär, um gut zu sein.

Wuchert, Wörter, über jede Wunde! Ein Schwall betäube mich. Moralen pflanzt man wie Salat.

Wem gehorchen wir unverbrüchlich? Wahrscheinlich einem unaufklärbaren Tyrannen in uns.

Bis jetzt war's Geplänkel. Jetzt hat die Schlacht begonnen, die von Anfang an verloren ist, aber nicht vermieden werden kann.

Ich will noch schnell mich wie eine Fahne hissen, eine fröhliche Fahne, eine, die keine Ahnung hat, deshalb kann sie flattern.

Wenn der Wahnsinn Purzelbäume schlägt, solltest du lachen, es ist dein Wahnsinn. Dass dir nicht schwindlig wird, liegt daran, dass du blind bist. Taub übrigens auch. Was soll deine Zunge noch? Sei nicht stolz auf sie, sie hat dich immer verraten.

Was willst du opfern, wenn du das überlebst?

Bring es fertig, wende dich an keinen. Bleib in der Zeile, die du schreibst. Kündige den Zusammenhang. Es genügt, allein zu sein. Die Wunde hat das Wort.

Schrei für mich, Text, ich muss schweigen.

Zäune aus Luft, unüberwindliche, ein hoffendes Tasten ins Nest aller Wörter, wo sie Gewürm sind, weich, nichtssagend, also verständlich.

Er leidet darunter, dass er keine Gelegenheit hat, auch einmal böse zu sein. Es gehört Macht dazu. Die hat er nicht. Das hat er versäumt. Er war nicht interessiert an Macht. Er hatte keinen Genuss davon. Und er betrieb nur, was ihm Genuss versprach.

Deine Vorräte ersticken dich. Gib den Gegenständen ihre Namen zurück. Zähl deine Feinde. Und den Sand am Meer. Nur das. Nur noch das. Nur das noch.

Man muss, was man nicht weiß, schreiben, um es kennenzulernen.

Das Leben verschließt jedem den Mund. Am Ende ist jeder still und lässt geschehen, was geschieht, als sei er einverstanden.

Ich wühle in Büroklammern wie im Schicksal, ich möchte endlich unverständlich sein, auch für mich. Die Stirn am kalten Beton, mein Paradies. Das Parfüm soll Urin nicht verleugnen. Morgen zünd ich mich an und schlürfe brennend mein Eis.

Wärme, lass mich bleiben, bleib du auch. Wenn ich der Liebe ein Mund war, mag ich erkalten.

Er schämte sich und wagte nicht zu gestehen, für was. Er fürchtete, dass von ihm dann verlangt werden könnte, sich zu ändern. Als könnte sich ein Mensch ändern. In dieser kurzen Frist.

Sie melden: *Kein Korrelat zu den Beschwerden.* Sie untersuchen mit allen Mitteln und Techniken und finden die Krankheit nicht, die die *Beschwerden* macht. Und da sie mit allen Mitteln und Techniken ausgerüstet sind, wird deutlich, dass ich keine Krankheit habe, auf die diese Maschinen programmiert sind. Und sie sind programmiert auf alle bekannten Krankheiten.

Das heißt: Ich leide an einer unbekannten Krankheit. Da man eine Krankheit nicht erträgt, wenn sie keinen Namen hat, muss ich diese Krankheit Ganzdiemeine nennen.

Das Leben lacht. Mich aus.

Meßmers Gedanken
5

Meßmers Reisen
97

Meßmers Momente
265

Über das Buch

Alter Ego, Seelenverwandter, Widerpart – zwischen Meßmer und Martin Walser, heißt es, herrscht eine ähnliche Vertrautheit wie zwischen Keuner und Bertolt Brecht. Wie könnte es auch anders sein, nach drei Bänden, ja drei Jahrzehnten innigen Zwiegesprächs? Die ersten beiden Meßmer-Bücher, «Meßmers Gedanken» und «Meßmers Reisen», erschienen 1985 und 2003 im Suhrkamp Verlag. 2013 folgten «Meßmers Momente» bei Rowohlt. Nun ist es möglich geworden, die drei in einem Band zu versammeln und damit zusammenzuführen, was zusammengehört.

Meßmer, sozusagen Martin Walsers innerste Autobiographie, zeigt ein Ich im Widerstreit zwischen Selbst- und Welterkundung, Wunsch und Wirklichkeit, Maskerade und schonungsloser Offenheit: sprach- und erkenntnissüchtig, stolz und resignierend. Je dunkler seine Stimmung, desto heller leuchtet, was dieser Meßmer durchs In-Worte-Kleiden daraus macht: Jedes Risiko birgt eine Schönheitschance.

Über den Autor

Martin Walser, 1927 in Wasserburg geboren, erhielt für sein literarisches Werk zahlreiche Preise, darunter 1981 den Georg-Büchner-Preis, 1998 den Friedenspreis des Deutschen Buchhandels und 2015 den Internationalen Friedrich-Nietzsche-Preis. Außerdem wurde er mit dem Orden «Pour le Mérite» ausgezeichnet und zum «Officier de l'Ordre des Arts et des Lettres» ernannt. Zuletzt veröffentlichte er «Statt etwas oder Der letzte Rank» – «das innere Selbstporträt eines Künstlers schlechthin», schrieb Jens Jessen in der *Zeit*, «die Summe von Martin Walsers Kunst».

Zu «Meßmers Gedanken»

«Ich kann mich an kein Buch erinnern, dessen schmerzliche tröstliche Erkenntnisse, dessen in blendenden Formulierungen gemilderte Melancholien so radikal aus dem Widerspruch erwachsen. Widerspruch wozu? Zu sich selbst.»

Hellmuth Karasek, Der Spiegel

«Das Psychogramm einer Epoche (…) die sich selbst noch nicht begriffen hat.»

Peter von Matt, Frankfurter Allgemeine Zeitung

«Das vielleicht beste, sicher das schonungsloseste, widersprüchlichste, also radikalste Buch, das Martin Walser je geschrieben hat. Mit ihm hat er die Keuner-Geschichten von Bertolt Brecht weit hinter sich gelassen.»

Martin Lüdke, Frankfurter Rundschau

«Ein großes Buch (…) ein uneitles, gnadenloses Selbstgespräch.»

Fritz Raddatz, Die Zeit

Zu «Meßmers Reisen»

«‹Meßmers Reisen› zeugt von einer Existenz im höchsten Erregungszustand.»

Roman Bucheli, Neue Zürcher Zeitung

«Eines von Walsers poetischsten, mutigsten und kraftvollsten Büchern (…) es wird sich ohne Zweifel zentral im Werk des Dichters und Denkers platzieren.»

Lothar Schröder, Rheinische Post

«Es gibt keine Sätze außerhalb der Zeit. Und doch versucht Walser, sich einem idealen Schreiben anzunähern, das so unmittelbar sein müsste wie Musik.»

Jörg Magenau, die tageszeitung

Zu «Meßmers Momente»

«Meßmer tritt immer wieder anders in Erscheinung und bleibt doch der eine. Aus Walsers Werk ist dieser Melancholiker nicht mehr wegzudenken.»
Michael Opitz, Deutschlandradio Kultur

«In der schönsten und klarsten Sprache, die in Deutschland zurzeit geschrieben wird, verdichtet Martin Walser Erfahrung und Empfindung und weist jeden Herrschaftsanspruch von Zeit und Tod, Macht und Medien zurück. Dieses Buch ist eine Ohrfeige ins Gesicht aller Überzeugungstäter. Man muss es lieben.»
Denis Scheck